LA GRANDE-CHARTREUSE

A LA MÊME LIBRAIRIE

Cabasson del.   D. Lefailleur   Bisson

LA GRANDE CHARTREUSE

GRANDE
CHARTREUSE

LILLE

L. LEFORT, IMPRIMEUR - LIBRAIRE

M D CCC LXI

Tous droits réservés.

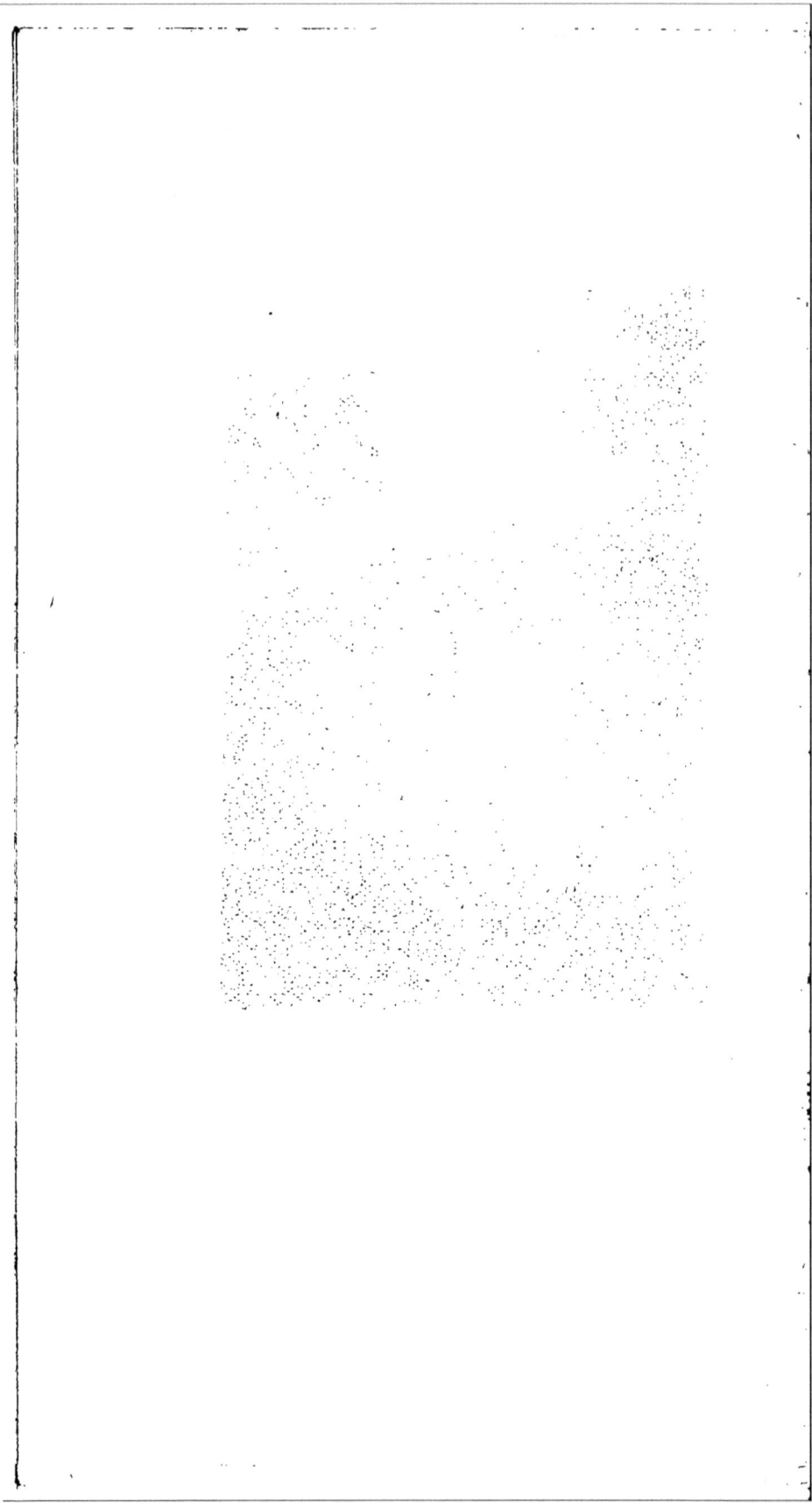

LA

GRANDE

CHARTREUSE

Par la Vte Eugène de R.

DEUXIÈME ÉDITION

LILLE

L. LEFORT, IMPRIMEUR - LIBRAIRE

M D CCC LXI

Tous droits réservés.

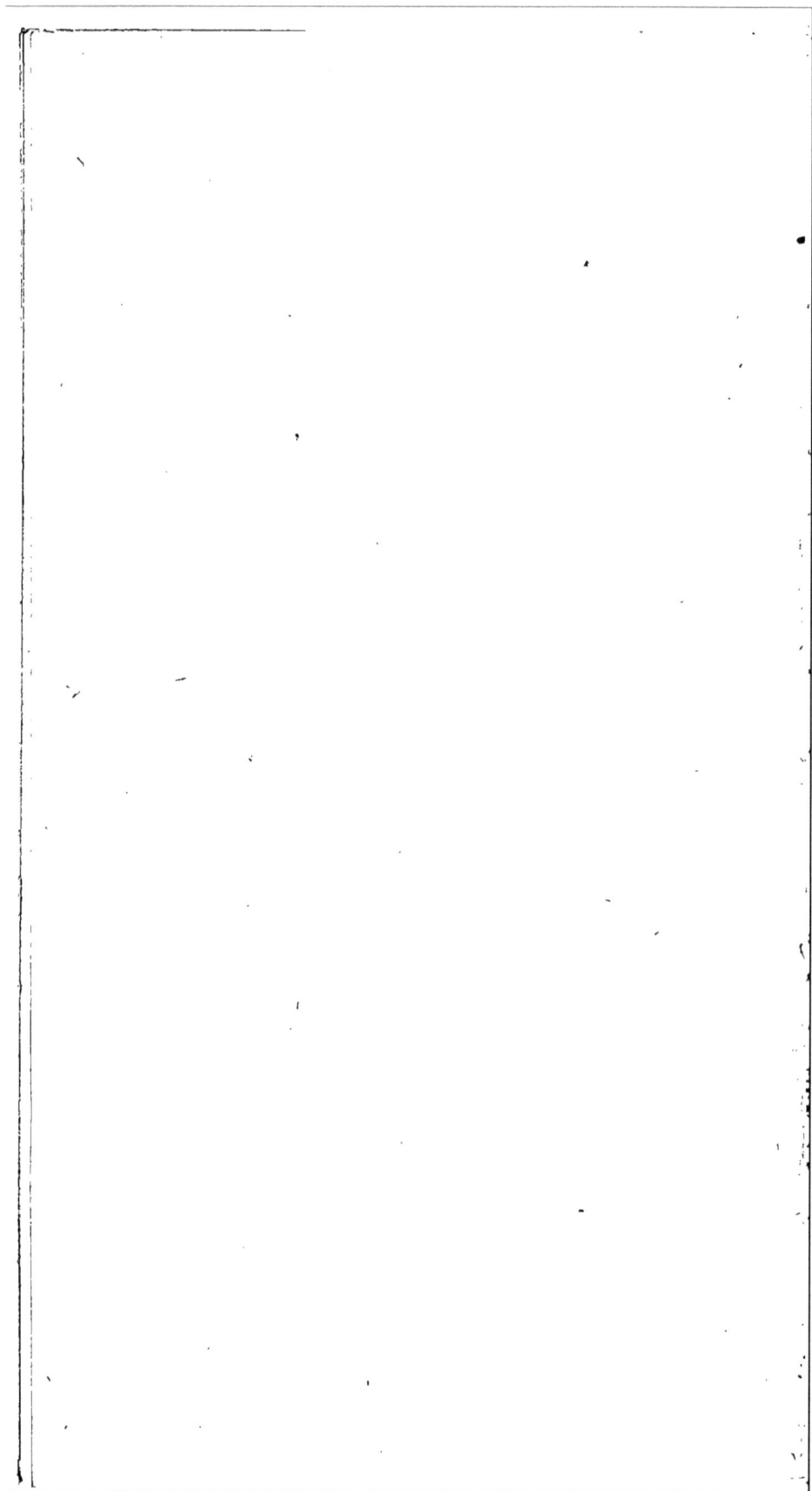

AVANT-PROPOS

Il n'est peut-être personne de vous, chers lecteurs, qui n'ait entendu parler de la Grande-Chartreuse, de son désert et de ses religieux. L'idée qu'on s'en fait généralement est celle d'une vaste solitude où quelques pieux anachorètes consacrent leur vie à la prière et au recueillement. Cette pensée assez juste n'est cependant qu'un canevas propre à recevoir ce que l'imagination peut y tracer, et elle est loin de satisfaire l'esprit qui ne se contente pas d'une image incomplète.

Si les descriptions vagues plaisent dans le roman, elles ne peuvent satisfaire lorsqu'un titre historique prépare à des notions plus positives. Mais c'est là que l'homme sent son infériorité. Comment parvenir à décrire les nombreuses beautés de la nature dont le pinceau le plus habile saurait à peine donner une ébauche? Il craint d'autant plus de s'abandonner à ses impressions, qu'il sent n'avoir pas le talent nécessaire pour les faire partager.

En partant pour la Grandé-Chartreuse,

j'étais prévenu des grandes beautés qui de-
vaient se présenter à mes regards. De hautes
montagnes chargées d'épaisses forêts, laissan
échapper à grand fracas de nombreux torrents, et livrant un passage étroit et pé-
rilleux : voilà ce qu'on m'avait dit.

On ne m'avait point trompé : là combien
de merveilles inattendues se sont présentées
à mes yeux ! La nature s'y montre glo-
rieuse de rester rebelle à la culture ; elle
est à l'abri de la domination de l'homme ;
elle montre avec fierté et étale avec profu-
sion ses propres richesses.

Mais que vais-je trouver dans cette retraite ? Un moine silencieux et contem-

platif l'habite seul. Ce solitaire, c'est un grand criminel, se dit-on. Non, c'est tout simplement un homme qui a voulu fuir la corruption du monde. Interrogez la plupart de ces bons pères : ils sont entrés dans la vie monastique à dix-neuf ou vingt ans ; ils ont vu les hommes continuellement distraits par le mouvement rapide des affaires, des plaisirs et des passions, entraînés par le tourbillon des intérêts et ne pensant plus à Dieu ; et plus heureux que nous, ils ont eu le courage de quitter le monde pour ne plus penser qu'à une seule chose : leur salut éternel.

Voilà ce que j'ai trouvé. Hélas! il n'en

fut pas toujours ainsi. Aux tristes jours
de la révolution de 89, les religieux furent
chassés, et le monastère confié, comme un
musée, aux soins d'un régisseur qui accor-
dait trois jours d'hospitalité aux pèlerins. Un
de mes parents, qui a visité deux fois la
Grande-Chartreuse, la première à cette
époque, me disait qu'il lui semblait voir
une mère venant de perdre tous ses enfants.
Mais depuis quarante-deux ans, la règle a
repris son empire, et cette belle solitude
est ouverte aux voyageurs, dont la piété
guide quelques-uns, et la curiosité le plus
grand nombre. Dois-je l'avouer? j'étais un de
ceux-ci; mais les douces émotions que j'y

ai ressenties m'y feront retourner avec les premiers. Aussi, pardonne-moi mon enthousiasme, j'aurais vainement cherché à m'en défendre. La religion, dont le signe sacré se montre ici sans cesse aux regards, parle à mon cœur : voudrais-je me priver des lumières qu'elle a apportées à mon esprit et des douceurs qu'elle a versées dans mon cœur ?

LA GRANDE-CHARTREUSE

◦◇◦

CHAPITRE I

De Voreppe à la Grande-Chartreuse, par S.-Laurent-du-Pont.

> Quel calme! quel désert! Dans une paix profonde
> Je n'entends plus mugir la tempête du monde.
>
> DUCIS.

Arrivé de Paris, je fus conduit, par une assez mauvaise diligence, de Lyon à Voreppe [1]. Ce bourg, situé sur la grand'route de Lyon à Grenoble,

---

[1] Voreppe compte deux mille cinquante habitants.

est placé dans une gorge étroite et pittoresque
dont l'Isère occupe le fond , et n'offre rien de
bien remarquable , si ce n'est un pont jeté sur
un torrent dont les bords rocailleux sont parsemés
de maisons gracieusement groupées. Plus loin, au
milieu d'une touffe d'arbres , s'élèvent le clocher
du village et quelques chaumières que le hasard
semble avoir placées là pour le plaisir des yeux.
Des bois de châtaigniers servent de fond à ces cabanes rustiques, et des éclaircies laissent voir çà
et là quelques grandes cultures. Dans le lointain,
un énorme rocher couvert de bois de sapins et
divers pics de hautes montagnes semblent vous
inviter à aller au delà. Voreppe est une position
militaire importante, où des troupes peu considé-
rables pourraient se rassembler en quelques heures
et couper toute communication avec Grenoble ;
c'est aussi le seul point de cette route qui fut
disputé en 1814, et on voit encore , par les traces
des bombes et des boulets , que l'attaque fut
sérieuse.

En sortant du pont , deux routes se présentent

au voyageur ; mais l'une d'elles est , sans contredit , la plus facile et la plus intéressante. Elle
s'élève d'abord par une pente âpre et pierreuse,
taillée au flanc d'une montagne boisée, et arrive
à son sommet après d'assez longs détours. Là se
trouve une ferme appelée *la Gelas* , parce que le
vent d'hiver s'y fait vivement sentir. Les yeux
rencontrent à peu de distance des rochers parais-
sant inaccessibles , et qui ne le sont pourtant pas
à l'intrépide industrie des paysans, car ils vont
hardiment , jusque sur les plus hautes cimes,
abattre les sapins, qu'ils précipitent par des rigoles.
L'arbre roule avec une rapidité effroyable dans
la ravin où , dépouillé de ses feuilles , il est traîné
par des bœufs aux scieries, principaux établissements industriels de cette contrée.

Le chemin continue de là à Saint-Laurent-du-
Pont presque sans accidents de terrain ; il est
bordé de grands arbres et de pommiers, ce qui
donne une délicieuse fraîcheur ; aussi y rencontre-
t-on de vastes habitations appropriées au climat.

Bientôt une spacieuse pairie entourée d'une

haie touffue vous invite au repos ; de là vous
jouissez d'un fort beau spectacle : au haut de la
plaine vous voyez une petite ferme et un verger
qui s'étend jusqu'aux pieds de rochers s'élevant
par masse les uns sur les autres, et laissant entre
leurs plans des intervalles inégaux comblés par
d'épaisses forêts.

Après quelques instants donnés au repos et à
la curiosité, nous quittâmes ce lieu enchanté, où
le propriétaire nous regardait avec indifférence et
semblait peu soucieux du site où il vivait.

Nous avions marché une heure lorsqu'un
groupe de maisons nous annonça Saint-Laurent.
Sur l'une d'elles était écrit en grosses lettres,
Octroi municipal, et cependant le village ne pa-
raissait point encore. Bientôt nous aperçûmes
l'église sur un tertre écarté du chemin ; c'est
un bâtiment isolé, entouré de grands arbres, au
pied d'une colline dominée par une montagne
garnie de quelques sapins. Un torrent qui en-
combre son lit de tous les débris qu'il en-
traîne, serpente au pied des murs du cimetière.

Enfin on arrive au village, et l'attention est immédiatement attirée par la vue d'une étroite ouverture dans la masse des rochers qui, tout à coup interrompue, ne laisse pas soupçonner d'autre passage pour y pénétrer. C'est en effet le seul que la nature ait ouvert à l'écoulement du Guiers-Mort, torrent qui, descendant de la Chartreuse, a dû séparer la masse continue des montagnes, à en juger par l'aspect des deux immenses blocs qui, divisés par le bas et rapprochés par le haut, forment une porte. Voilà du moins ce que la science nous permet de conjecturer. C'est un calcaire de seconde formation, dont les bans homogènes se sont entassés sans secousse et sans mélange. Consolidés par le cours des siècles, ils ont cédé à l'action continue du cours du torrent.

De l'endroit où nous sommes, on éprouve un singulier sentiment : l'escarpement élevé de ces montagnes, ne laissant voir au delà que le vague de l'air, donne à l'imagination ébranlée l'idée des bornes du monde.

A l'austère beauté de ces deux barrières couvertes de pics placés comme des sentinelles vigi-
lantes, à leur coupe élancée où se manifeste une
attention plus grande que la puissance humaine,
à leur teint bleuâtre s'accordant si bien avec l'azur
du ciel, à l'espace infini où l'œil va se perdre
au delà, on se sent pris d'une fièvre de curiosité
mêlée de joie et de tristesse ; on sent que la nature
va changer d'aspect et que rien ne ressemblera à
ce qu'on vient de laisser derrière soi : on croit
voir les portes du ciel. A cette idée dont on n'est
pas maître, se joignent les mille bruits que l'on
entend.

Cette vallée n'est fréquentée que par les voyageurs qui se rendent à la Grande-Chartreuse ; c'est
presque le seul but de tous ceux qui la parcourent,
et sans cela les habitants de ce lieu écarté ne ver-
raient pas souvent d'étrangers. « Ces messieurs
vont au désert, » disent-ils en vous voyant passer,
et ce mot ne retentit point à vos oreilles sans
causer une vive impression.

Mais je ne veux point quitter Saint-Laurent

sans m'y arrêter quelques instants. Nous y vîmes
tresser avec de la paille sauvage de grands paniers
propres à transporter des fruits et à être chargés
à dos de mulets, seul moyen de transport dans
ces montagnes. Le village se compose de deux ou
trois rues dont les maisons sont presque neuves,
un incendie qui éclata en août 1854 en ayant
détruit la majeure partié ; elles sont basses, isolées
et à formes irrégulières ; leur réunion donne l'idée
d'un village de la Suisse. Les habitants sont fort
complaisants ; nous l'éprouvâmes surtout dans l'auberge où nous cherchâmes un gîte pour la nuit.
Cette auberge était simple et propre. Un ancien
soldat, médaillé de Sainte-Hélène, nous donna
des renseignements utiles. Le vieux brave rem-
plissait les modestes fonctions de garde-champêtre,
et les armes qu'il portait n'étaient point une vaine
attribution, il s'en était maintes fois servi contre
les loups qui infestent les montagnes pendant la
mauvaise saison.

Le lendemain matin, nous partîmes de fort bonne
heure, après avoir dessiné quelques-uns des sites

pittoresques de ce village. Un des plus remarquables est la prise d'eau du canal qui le traverse. Le chemin que nous prîmes suit à mi-côte le Guiers-Mort; il est bordé à droite par des collines rongées à leur base par le torrent qui l'hiver couvre cette partie du chemin. On rencontre plus haut quelques chaumières; dans l'une d'elles est une scierie à bois avec ses dépendances; là d'énormes troncs de sapins sont divisés par des scies mises en mouvement par le torrent. Cette usine appartient aux religieux, et dépend de *Fourvoisie*, hospice des Chartreux, qu'on aperçoit environné de rochers couverts des plus beaux arbres. Plus loin on rencontre deux vastes fermes, dont l'une est sur le bord des précipices; auprès sont de vastes pâturages et de grands vergers. Un frère est chargé de la direction de l'établissement.

Mais il faut s'arracher aux charmes de ces rives, il faut dire adieu au monde et à sa turbulente inquiétude. Ici, l'homme toujours occupé à pourvoir à des besoins incessants; plus loin, le solitaire dégagé des soucis de la terre et ne s'occupant que

du ciel dont il aspire à partager les délices. Hâtons-
nous d'arriver à ce pavillon modeste dont la porte
ouverte semble la limite du monde et du ciel.

Ce pavillon, adossé au rocher qui s'élève sur la
droite, occupe l'étroite chaussée prise sur le lit du
torrent; une double porte peut fermer le désert
comme on ferme une ville fortifiée. Au-dessus de
la voûte est le logement qu'habitait autrefois le
gardien. Sur le centre on voit un globe surmonté
d'une croix, avec cette devise :

Stat crux, dùm volvitur orbis

Emblème sublime! qui ne pouvez frapper mes
yeux sans toucher mon cœur, je vous ai compris,
c'est ici le règne de la croix. J'entre avec bonheur
sur cette terre sacrée, car c'est peut-être le seul
lieu où règne la paix ici-bas.

Dès qu'on pénètre dans le désert, l'œil est
frappé de la sauvage âpreté du rocher qui dispute
le passage; c'est une merveille, pour le temps où
elle fut construite, que cette route creusée dans le

1 Ce sont les armes de l'ordre.

roc et portée de distance en distance sur plusieurs arceaux d'une grande hauteur. Pendant plusieurs minutes on marche sous une espèce de demi-voûte que la roche nue forme au-dessus de la tête, tandis qu'à droite est un abîme tortueux où le torrent gronde en menaçant. Cette route fut construite par dom Pierre le Roux, supérieur général des Chartreux, vers le commencement du seizième siècle. Le chemin tourne et suit les sinuosités de la montagne sans cesser de dominer le Guiers-Mort, puis entre dans une forêt qui se déploie avec tous ses charmes comme pour vous dédommager de la scène que vous venez de voir ; le sol est recouvert d'une mousse délicieuse qui tapisse les rochers et les arbres. Là les sapins semblent avoir élancé toute leur sève vers leur sommet, en abandonnant la partie inférieure de leur tronc dénudé de toutes branches ; le hêtre y atteint des proportions colossales, et les fleurs elles-mêmes y prennent des tons plus éclatants.

C'est au milieu de ces magnifiques productions que le chemin, appuyé par intervalles sur des

murs de terrassement, continue de longer la montagne et de remonter le cours du torrent. De quelque côté que l'on promène ses regards, on est
terrifié de la grandeur du spectacle : partout d'immenses forêts impraticables qui paraissent aussi
âgées que le monde ; au-dessus d'elles d'immenses
montagnes nues et menaçantes se dessinent à
l'horizon en formant mille objets divers. A vos
pieds, un torrent impétueux, seule voix du désert
où tout est muet et silencieux.

Mais bientôt la route, qui s'est élevée par une
pente sensible, redescend jusqu'à un pont jeté
sur deux rochers, à une assez grande hauteur
au-dessus du lit du Guiers ; il est appelé *Pont-
Paraut*. Avant d'y arriver, j'en ai remarqué un
autre plus curieux : c'est un rocher qui, détaché
du haut de la montagne, est venu se placer au
travers du torrent.

Après ce dernier, qui est à égale distance de
Saint-Laurent et de la Chartreuse, la scène change
et prend un autre caractère : le chemin raide et
pénible est tracé sur le roc le plus dur ; la végéta-

tion est pauvre et triste : plus de hêtres, plus
d'érables ni de sapins; quelques broussailles et de
rares sureaux. C'est au milieu de cette aridité
qu'on gravit quelque temps, en longeant une
roche immense dont l'œil ne peut mesurer la hauteur.

Or, pendant que le précipice devient de plus en
plus profond sur la droite, un accident pittoresque
se présenté aux yeux : c'est un roc pyramidal qui
surgit tout à coup de l'abîme et semble s'élancer
dans les airs. C'est le pic de l'Œillet ; des sapins
et des hêtres croissent jusque sur le haut de son
sommet inaccessible. A quelques pas de là on rencontre une ancienne porte en ruine, à laquelle est
adossée une masure qui fut autrefois le fort de
l'Œillette. Ce bâtiment avait été fortifié en 1720,
pour se mettre, dit-on, à l'abri des incursions
du fameux Mandrin [1] qui avait menacé de venir

[1] Louis Mandrin, fameux contrebandier, né à Saint-Etienne
de Saint-Geoire, village près de Romans, dans le Dauphiné,
était fils d'un maréchal-ferrant. Il embrassa, jeune, la profession des armes ; mais ennuyé bientôt d'une vie que la paix
rendait inactive, il déserta, et s'étant associé à quelques

piller le monastère. A peu de distance de ce fort,
après avoir marché quelque temps sur une pente
adoucie, on recommence à gravir une côte ram-
pante et raboteuse ; c'est la fin de la mauvaise
partie du chemin. Encore un quart d'heure , et
nous arrivâmes à la Croix-Verte. Il est impossible
de s'y tromper : une grande croix assez médiocre-
ment travaillée annonce qu'on approche du monastère. La route, qui tourne à gauche en cet
endroit, laisse apercevoir des prairies et des bois,
au milieu desquels s'élève la *Courrerie*, vaste
bâtiment avec dépendances, où les Chartreux lo-
geaient autrefois les nombreux ouvriers qu'ils

hommes déterminés, se mit à faire la contrebande. Il poussa l'au-
dace jusqu'à attaquer en plein jour des villes, telles que Beaune
et Autun, y forcer les prisons pour recruter sa bande et piller
les caisses des receveurs de la ferme. Enfin, trahi, il fut pris
au château de Rochefort, sur les terres de Savoie; il fut condamné à Valence, où l'on instruisit son procès. Sa contenance
devant les juges fut celle d'un homme qui ne redoutait point le
sort qu'on lui réservait. Il fut condamné au supplice de la roue
et exécuté le 26 mai 1755. Un grand nombre d'auteurs ont
écrit sur lui; l'ouvrage le plus curieux est *la Mandrinale, ou*
l'Histoire véritable et remarquable de la vie de L. Man-
drin. 1755, in-8° de 48 pages.

occupaient pour les besoins de la maison.

En cet endroit, le chemin est si élevé au-dessus du Guiers-Mort, que ses mugissements ne parviennent plus à vos oreilles que comme un faible murmure. La gorge s'est élargie, et au delà d'un petit ravin couvert de bois épais, nous aperçûmes les bâtiments de la Chartreuse. On ne juge point l'ensemble, on les découvre de trop près et de bas en haut ; une muraille les entoure en suivant les sinuosités du terrain dont la pente assez forte donne un singulier aspect à cette construction hardie. Presque tous les combles sont couverts d'ardoises, et leur réunion, entremêlée de clochers et de bâtimens de diverses grandeurs, donne l'idée d'une grande agglomération d'habitants ; on croirait voir une petite ville, si on entendait quelques-uns de ces bruits qui annoncent une enceinte habitée. Enfin, tournant à droite, nous arrivâmes à la porte, dont l'architecture grande et simple est fort en rapport avec l'austérité du paysage qui vous entoure. Là nous apprîmes que dans ce séjour voué au silence, on sait y faire trève pour accueillir le voyageur avec la plus grande cordialité ; et ayant reçu les soins si nécessaires après une grande course, nous demandâmes à visiter la maison, visite que nous allons raconter.

CHAPITRE II

Là mes yeux, cher Alcippe, ont vu dans leurs cellules
Ces amis du Très-Haut, qui, dans un corps mortel,
Attendent, pleins d'espoir, le séjour éternel :
La joie est dans leurs cœurs, la paix sur leurs visages.

Le P. MANDAR, oratorien.

Le père coadjuteur, ayant été averti de notre
désir, voulut bien prendre la peine de venir nous
chercher pour nous montrer la maison, ce qui ne
dura pas moins d'une heure ; il le fit avec toute la
grâce et toute la politesse d'un homme du meilleur
monde.

Il nous conduisit d'abord dans la cour d'entrée,
ornée de deux bassins et entourée de bâtiments.
« Les grands avant-corps de logis, nous dit-il,
sont destinés aux étrangers, et les ailes séparées

renferment les cellules des officiers de la maison [1], l'habitation du révérend père avec ses jardins et ses terrasses d'où la vue plonge dans de magnifiques vallées. »

Nous entrâmes ensuite dans un long corridor où viennent aboutir les avenues des quatre grands corps de bâtiment, portant les noms de Bourgogne, d'Aquitaine, d'Allemagne et d'Italie. Un peu plus loin, nous vîmes la chapelle dite *de famille*, l'église, le réfectoire, la cuisine et la dépense.

La chapelle de famille est ainsi appelée, parce que c'est là que se réunissent les frères, les ouvriers et les autres personnes employées au service de la maison, pour remplir leurs devoirs religieux.

L'église, dont la première construction date du xve siècle, est dans de bonnes proportions, mais n'offre rien de bien remarquable, si toutefois l'on excepte la boiserie du chœur, qui est la seule chose qui soit restée, lorsqu'en 1807 on transporta le maître-autel en marbre blanc et les stalles au grand séminaire de Grenoble, où on peut encore les voir.

[1] Voir le chapitre suivant.

Quelques âmes pieuses ont bien voulu remplacer ce maître-autel avec ses accessoires, et donner les deux lampes argentées suspendues à la voûte et les stalles. La cloche, qui pèse treize cents livres et rend un son superbe, est aussi un don. La grille qui sépare le chœur des frères de celui des religieux, est surmontée d'un groupe en marbre blanc représentant la Vierge aux Sept-Douleurs.

Nous montâmes ensuite par un escalier en pierre à l'étage supérieur, où l'on trouve un corridor semblable au précédent; dans ce corridor se trouve la tribune de l'église d'où les étrangers assistent aux offices. Là nous tombâmes tous spontanément à genoux.

Après notre prière, nous en sortîmes pour entrer, à quelques pas plus loin, dans la galerie des cartes, ainsi nommée parce qu'elle contient un grand nombre de plans ou vues générales des maisons de l'ordre, dont un grand nombre n'existe plus.

On passe de là dans la salle capitulaire, qui est

un des plus beaux ornements de la maison. On remarque d'abord une statue de saint Bruno, due au ciseau de Foyatier ; cette statue domine le siége du supérieur général. Autour du plafond sont rangés les médaillons des cinquante premiers généraux de l'ordre avec leur nom et l'année de leur mort. Enfin, il y a une fort belle collection de tableaux, remarquable copie du *Cloître* de Lesueur [1], à laquelle il a lui-même travaillé. Ces tableaux, au nombre de vingt-deux, représentent

[1] Eustache Lesueur, né en 1617, à Paris, montra de bonne heure de fort grandes dispositions pour le dessin, et fut élève de Simon Vouet. Surnommé le Raphaël français, on dut le nommer inspecteur des recettes aux entrées de Paris, pour lui donner des moyens d'existence assurés, car il vendait fort mal ses tableaux. A la suite d'un duel à la barrière de l'Oursine, où il eut le malheur de tuer son adversaire, il se retira chez les Chartreux de Paris, où en moins de trois ans il exécuta sa Vie de S. Bruno, qui se compose de vingt-deux tableaux, à savoir :

1° Prédication du chanoine Raymond. En face du prédicateur on voit S. Bruno qui, un livre sous le bras, l'écoute avec grande attention.

2° Mort du chanoine Raymond. S. Bruno prie pour le docteur qui semble détourner ses lèvres du crucifix que lui présente le prêtre.

les circonstances les plus mémorables de la vie
du grand fondateur de l'ordre , de saint Bruno. .
Un banc continu règne autour de la salle, et reçoit

3° Résurrection du chanoine Raymond. Cette légende est
racontée par certains historiens.

4° Méditation de **S.** Bruno , épouvanté de cette résurrection.

5° S. Bruno reparait dans sa chaire de théologie.

6° S. Bruno quitte le monde.

7° Apparition de trois anges à S. Bruno pendant son sommeil.

8° S. Bruno et ses compagnons distribuent leurs biens aux
pauvres.

9° Arrivée de S. Bruno à Grenoble.

10° S. Hugues conduit S. Bruno et ses compagnons au désert
de la Chartreuse.

11° S. Bruno examine le plan du monastère. C'est un anachro-
nisme , car lors de leur établissement les solitaires n'habitèrent
que des cabanes en bois.

12° S. Bruno reçoit l'habit religieux des mains de S. Hugues.

13° Victor III, souverain pontife, approuve l'institut des
Chartreux. Ce tableau est l'un des plus beaux de la collection.

14° S. Bruno donne l'habit à un de ses novices.

15° S. Bruno reçoit un bref d'Urbain II qui l'appelle à Rome.

16° S. Bruno arrive devant le Pape.

17° S. Bruno refuse l'archevêché de Reggio.

tous les députés de l'ordre lorsque le chapitre se réunit.

On passe ensuite dans une galerie où l'on voit encore les portraits de quelques généraux de l'ordre et plusieurs autres tableaux, parmi lesquels on en remarque un où sont réunis les Chartreux les plus distingués soit par leur vertu soit par les dignités dont ils ont été revêtus.

On traverse ensuite une petite salle ornée de quelques cartes, et on entre dans le cloître, qui est sans contredit la partie la plus remarquable de

18° S. Bruno et ses frères dans le désert de Calabre.

19° Le comte Roger rencontre S. Bruno.

20° S. Bruno apparaît en songe au comte Roger et lui découvre la conspiration.

21° Mort de S. Bruno entouré de ses disciples. Il est étendu sur son lit de mort; ses mains sont jointes sur sa poitrine.

22° Apothéose de S. Bruno; les anges l'emportent dans la céleste patrie.

Lesueur quitta les Chartreux et fit encore de nombreuses toiles. Puis, devenu veuf, il y revint pour y mourir, en 1655, à l'âge de trente-huit ans, et fut inhumé à Saint-Etienne-du-Mont.

la maison , et qu'on ne peut parcourir la première
fois sans être saisi de respect.

Le cloître forme un carré long , éclairé par cent
trente fenêtres que le terrain a forcé de construire
sur un plan incliné ; il a une longueur de deux
cent quinze mètres sur vingt-sept de largeur ; je
n'ai pu reconnaître un de mes amis placé à une
extrémité tandis que j'étais à l'autre. Il se compose
de deux parties bien distinctes : la plus ancienne ,
remontant au xiie siècle, est dans le style gothique,
et fait regretter que l'autre , beaucoup plus mo-
derne , forme un contraste fâcheux avec celle-ci ;
dont le ton et le genre mystiques conviennent
beaucoup mieux à un monastère [1].

Les cellules, au nombre de trente-cinq, donnent
toutes sur le cloître ; elles sont simples , commodes
et bien distribuées. Le père coadjuteur voulut bien
nous en montrer une vide en ce moment, nous
disant qu'elles étaient toutes semblables. Ce sont
autant de petites maisons séparées qui se com-

---

[1] La partie gothique est l'ouvrage d'un ancien duc de Bourgogne , qui donnait ainsi des preuves de sa piété.

posent de deux pièces éclairées par trois fenêtres
et dans lesquelles on a ménagé un oratoire et un
cabinet d'étude. Au-dessous se trouvent un bûcher,
un atelier, et un corridor appelé promenoir, don-
nant sur un petit jardin qui forme la séparation
des cellules entre elles. A côté de chaque porte est
pratiqué dans la muraille un guichet par lequel
les religieux reçoivent leur nourriture. De distance
en distance sont placées de petites fontaines desti-
nées à l'usage des pères ; elles seules troublent le
silence du cloître et semblent rappeler que le
temps passe et ne revient plus.

Au milieu est le cimetière, de sorte qu'en sortant de sa cellule chaque religieux se dit : « Là sera
mon repos. » D'un côté sont des croix de pierre
indiquant les sépultures des généraux de l'ordre ;
de l'autre, de simples croix de bois, sans nom,
marquent celles des religieux.

Tout près nous vîmes la chapelle des Morts,
fondée en 1382, par François de Conziaco, évêque
de Grenoble; il y a un caveau renfermant les
ossements des premiers Chartreux. Au-dessus de

la porte, on admire un buste en marbre représentant la mort couverte d'une draperie remarquable par la beauté de ses plis ; une inscription placée au bas indique que c'est un don de M. le comte de Châteauvillard.

Plus loin, du côté opposé, nous visitâmes la chapelle dite de Saint-Louis, roi de France, fondée par Louis XIII sur ses épargnes royales.

Nous visitâmes ensuite la bibliothèque, qui, bien qu'augmentée de jour en jour, car chaque novice en entrant au couvent apporte celle qu'il avait dans le monde, est bien loin de valoir l'ancienne. Elle possède tout au plus six mille volumes; la partie historique y domine, et la théologie compte un grand nombre d'ouvrages.

Le coadjuteur nous conduisit ensuite dans un pavillon où se confectionne cet élixir qui jouit d'une si grande réputation, et cet autre liqueur si connue sous le nom de liqueur de la Grande-Chartreuse, que ne manquent pas de vous offrir tous les châtelains de l'Isère.

Il nous mena ensuite à l'angle nord-est de la maison, et nous montra une chapelle destinée aux dames. Un père y dit la messe lorsqu'elles en font la demande, car elles ne peuvent jamais entrer dans le couvent.

Avant de quitter ce bon père, nous lui demandâmes s'ils avaient souvent des malades, et il nous répondit que depuis quinze ans qu'il était chartreux, on n'avait eu besoin de recourir à la médecine que cinq fois.

Je lis dans M. Dupré-Delaré, auteur d'un *Voyage à la Chartreuse*, que de 1816 à 1822 les Chartreux n'avaient eu besoin qu'une seule fois du médecin, et voici ce qu'il dit : « Qu'on attribue, si l'on veut, ce merveilleux effet à la salubrité de l'air, de l'eau, du site ; peu m'importe : j'atteste ce que j'ai vu, et je l'attribue, moi, avec plus de raison, au genre de vie qu'ils ont adopté, au détachement qu'ils s'imposent, à leur solitude intérieure. Une observation irrécusable le prouve : c'est l'aspect de ces religieux, presque tous d'un âge avancé, et qui sont loin d'en porter les marques, comparé à celui des montagnards des environs qui, respirant le même air, n'en reçoivent pas les mêmes avantages.

CHAPITRE III

Du genre de vie des Chartreux.

> Chose admirable ! la religion chrétienne, qui ne
> semble avoir d'objet que la félicité de l'autre vie,
> fait encore notre bonheur dans celle-ci.
>
> MONTESQUIEU, *Esprit des lois.*

§ 1. Du supérieur général et des officiers de la maison.

A la tête de la Grande-Chartreuse et de toutes
les autres maisons de l'ordre, est placé le supérieur général, nommé par les religieux de ce
couvent, regardé comme la maison-mère, par respect pour la mémoire de S. Bruno. Le supérieur
général porte seul le nom de Révérend Père,
tandis que les prieurs et les simples religieux sont
appelés Vénérables.

Le révérend père ne porte aucun signe distinc-
tif de sa dignité. Bien que les Chartreux appartiennent au clergé régulier, il n'a pas le titre d'abbé,
comme on le pense généralement, et voici pourquoi : Sous le généralat de Guillaume Raynaldi,
le pape Urbain V voulut que les prieurs de la
Grande-Chartreuse prissent ce titre; mais l'humble
général, tout en témoignant de son profond respect pour la volonté du Saint-Père, le supplia
avec instance de ne point le forcer à accepter une
distinction contraire à l'esprit de simplicité de
l'ordre; et le Pape édifié finit par céder à ses
prières.

Il est dans les attributions du révérend père
de convoquer tous les trois ans le chapitre général
de l'ordre, qui doit se tenir à la Grande-Chartreuse et se compose de tous les prieurs. Une fois
réunis, ils doivent tous, même le supérieur
général, donner leur démission (ce qui s'appelle
demander miséricorde), laquelle n'est jamais ac-
ceptée que dans des cas fort rares; puis ils s'occupent des affaires de discipline, et fort peu du

temporel des diverses maisons. Après le supérieur
viennent dans l'ordre hiérarchique les officiers de
la maison qui sont chargés d'emplois ou, pour
me servir du terme consacré, d'obédiences particulières : tels sont le procureur, l'économe, le
coadjuteur ou hôtelier, le confesseur des étrangers, et le scribe ou secrétaire du révérend
père.

§ II. Du novice et de la profession.

Pour entrer dans l'ordre, il faut avoir au moins
dix-huit ans accomplis, avoir fait ses classes de
latin et même un cours de philosophie.

Si l'on remplit ces premières conditions, on
fait une retraite sous la direction du confesseur
des étrangers ; au bout de huit jours, on entre
en cellule et on prend le titre de postulant.

A partir de ce moment le postulant garde les
observances et assiste à tous les offices, portant un
manteau noir sur ses habits séculiers. Cette première épreuve dure un mois. Lorsque pendant ce
temps le futur religieux a montré un véritable

zèle pour le nouveau genre de vie qu'il veut embrasser, il est proposé à la communauté pour la prise d'habits, et devient novice s'il a obtenu la majorité des suffrages.

Le noviciat dure deux années, pendant lesquelles on sonde les dispositions du futur religieux; si, après un mûr examen, le directeur des novices le reconnaît digne d'entrer dans l'ordre, il demande à tous les religieux réunis en chapitre la grâce d'être admis à faire profession. S'il est reçu et qu'il réitère deux fois sa demande, il est admis, après une retraite, à prononcer ses vœux à la messe conventionnelle d'un jour de fête.

C'est une cérémonie fort touchante que celle de la profession. Le moment le plus saisissant est celui où le novice, faisant le tour du chœur, s'agenouille devant chaque père, et dit d'une voix remplie larmes : *Ora pro me, pater* : Priez pour moi, mon père.

Voilà maintenant le novice devenu Chartreux ; exposons les principales règles de l'ordre dans lequel il vient d'être reçu.

§ III. Principales observances.

Les Chartreux étant tout à la fois cénobites et solitaires, nous allons les considérer sous ces deux points de vue [1].

Comme cénobites, ils s'assemblent tous les jours pour la célébration de l'office divin ; les jours ordinaires ils se réunissent trois fois : dans la nuit pour chanter matines ; le matin pour la messe conventionnelle, après laquelle ils se retirent dans des chapelles particulières pour y dire ou y servir une messe basse ; et le soir à trois heures pour vêpres.

Les dimanches et les fêtes ils prennent leurs repas en commun ; pendant ce temps, un père fait une lecture pieuse.

Une fois par semaine ils vont en promenade ou *spaciment* pendant à peu près trois heures. Enfin

[1] Voici ce que dit le Dictionnaire de l'Académie à propos des mots anachorète ou solitaire et cénobite : « Anachorète, ermite, moine qui vit dans un désert. Il se dit par opposition aux moines qui vivent en commun et qu'on appelle cénobites. »

ils peuvent, les jours de fête, assister à une récréation en commun.

Comme solitaires, les Chartreux passent le reste du temps dans une cellule, où ils ne peuvent recevoir personne sans permission, et d'où ils ne sortent que pour se rendre à l'église ou chez le révérend père. Pendant les intervalles des offices ils disent en particulier de nombreuses prières et s'occupent selon leur goût de quelque travail manuel ou d'étude; ils lisent les saintes Écritures, les saints Pères et la théologie. Quant au travail manuel, il consiste à faire soit de la menuiserie, soit du jardinage; quelques-uns tournent et dessinent.

Ils se couchent à sept heures du soir, et se lèvent à dix heures pour se rendre à l'office de nuit, qui se chante à onze heures. De retour dans leur cellule, ils lisent l'office de la Vierge, puis se couchent jusqu'à six heures du matin.

Le Chartreux jeûne la plupart du temps, et n'a pour toute collation que trois ou quatre onces de pain, accompagnées soit de quelques légumes,

soit d'œufs ou de poisson avec un peu de vin ;
jamais aucun mets gras ne paraît dans la maison,
même pour les voyageurs. Pendant l'avent, le
carême et tous les vendredis, il ne prend ni lait
ni œufs; enfin un jour par semaine il se contente
de pain et d'eau, sauf quelques rares exceptions
dues à l'âge où à la maladie. Jamais il n'a l'usage
du linge, et couche sur une simple paillasse revêtu du cilice; il porte constamment la barbe rasée
et se fait faire la barbe tous les quinze jours. Outre
les pères, l'ordre admet aussi des frères qui,
avant d'être admis, ont à subir de longues et pé-
nibles épreuves, car ce n'est qu'après neuf années
qu'il passe de l'état de frère *donné* à celui de frère
convers.

Le frère *donné* n'est lié par aucun vœu et peut
se retirer ou être congédié; son vêtement, de la
même forme que celui des frères, consiste en une
tunique et un scapulaire de couleur brune, lequel
est remplacé par un habit blanc, les dimanches et
jours de fêtes.

Les frères *convers* portent constamment l'habit

blanc, et de plus ont la tête rasée et toute la barbe.

Ils ont un grand nombre de prières à réciter, et l'hiver ils assistent à l'office de la nuit. Ils ne font jamais gras, même hors du monastère, ainsi que le peuvent les frères *donnés*.

§ IV. La messe.

La cloche qui rassemble les religieux, est sonnée successivement par plusieurs des pères. A mesure qu'ils entrent dans l'église, ils se mettent en adoration, puis vont à leur place, et y demeurent en silence jusqu'à ce que le plus jeune d'entre eux vienne au pupitre et récite une litanie à laquelle le chœur répond en psalmodiant. Le prêtre alors s'habille à l'autel et commence la messe que lui sert un diacre revêtu d'un long manteau en serge blanche. Le *Confiteor* diffère de la prière commune. Dom Timothée a bien voulu me le dicter [1].

---

[1] *Confiteor Deo, et tibi, ó piissima Dei genitrix, et vobis, omnes sancti, quia peccavi nimis, meó culpá, per*

L'évangile est chanté par le diacre servant, qui,
pour ce moment revêt, avec l'aide du prêtre,
une étole. Le *Gloria* et le *Credo* sont chantés
par le chœur entier. Pendant l'élévation du calice
et pendant la communion, les religieux se prosternent à terre.

Voilà, chers lecteurs, la vie du Chartreux.
C'est un homme qui, éclairé sur la vanité du
monde et de ses plaisirs, s'est consacré pour toujours à une vie de pénitence; il garde une solitude
volontaire où, oubliant la terre et ses créatures,
il ne pense plus qu'au Créateur et à sa propre
sanctification. Non content de prier avec ardeur
pour lui-même, il étend sa charité sur tous ses
frères égarés, afin que Dieu répande sur eux ses
grâces, et les rappelle dans la véritable voie.

superbiam, cogitatione, locutione, opere et omissione.
Precor te, ó piissima Dei genitrix, et vos, omnes sancti,
orate pro me.

CHAPITRE IV

**Courses aux chapelles de N.-D. de Casalibus
et de S. Bruno. — Ascension du Grand-Som.**

Que j'aime à voir tes pas empreints en ces saints lieux!
Lucas.

Le lendemain nous partîmes de fort grand matin, dans l'intention de visiter les environs, sous la conduite d'un jeune enfant que le père hôtelier nous donna pour guide. A peine arrivés dans la prairie qui domine tout le couvent, nous nous retournâmes pour juger de l'ensemble du bâtiment et du désert qui l'entoure; nous étions en contemplation devant le magnifique spectacle qui s'offrait à nos yeux, lorsque nous fûmes interpellés par notre jeune cicerone :

« Mes biaux messieurs, je parions que vous ne savez pas pourquoi tous les logements ne sont pas tous réunis sous un même toit?

— Non; eh bien, le sais-tu?

— Qu'oui, messieurs, et si vous le voulez je vous le dirons; c'est dom Timothée, le père coadjuteur que vous savez ben, qui me l'a appris.

— Va, mon enfant, lui dis-je, tu me feras plaisir.

— En quittant le monde, messieurs, saint Bruno ne faisait plus que prier le bon Dieu; il s'éloignait de tout le monde. Les premiers compagnons de ce grand saint eurent le même goût que lui pour rester seuls, et ils n'allaient ensemble que pour les heures de prière. Bientôt il en arriva beaucoup, et le lieu où ils habi-taient n'étions plus assez grands; or il y en avait que les avalanches avaient tués; les autres vinrent s'établir là où ce qu'est le cou-vent. Là ils conservèrent leurs premières habi-tudes, et ils se bâtirent des cabanes isolées et

une grande salle pour leurs jours de réunion ;
alors depuis on a construit comme ça toutes les
autres chartreuses. »

Après avoir entendu ce résumé historique
qui ne manquait point d'intérêt, nous continuâmes notre route par un chemin montueux.
Le premier objet qui frappa la vue fut la chapelle de N.-D. *de Casalibus*.

Bâtie d'un style simple qui s'harmonise parfaitement avec tout ce qui l'entoure, cette chapelle date de 1440 ; l'intérieur est peint à la
chaux blanche, et la voûte en couleur d'azur
parsemée du chiffre en or de la Vierge. L'autel,
propre et de bon goût, porte un tableau représentant les disciples de saint Bruno prêts à
quitter le désert, dans la douleur que leur
cause son absence. C'est en cet endroit, en
effet, que les premiers Chartreux établirent
leurs demeures ; aussi les religieux s'y rendent-
ils dans leurs jours de promenade.

A deux cents pas environ, s'élève une autre
chapelle, sur le rocher même où saint Bruno

avait placé sa modeste cabane ; cette chapelle porte le nom du pieux anachorète. On y monte par une pente douce, au pied de laquelle coule une abondante fontaine abritée par une petite voûte surmontée de pins qui projettent leur ombre sur le bâtiment ; ce qui produit un fort bel effet.

Sur la porte d'entrée de la chapelle, on lit une inscription qui apprend que saint Hugues, évêque de Grenoble, vit Dieu bâtissant son oratoire en cet endroit. Dans l'intérieur, sur le mur de gauche, se trouve une seconde inscription en latin qui rappelle sa fondation et sa restauration ; en voici la traduction :

« Ici commença l'ordre des Chartreux, l'an de grâce 1084. L'illustrissime et révérendissime Jacques de Merly, évêque de Toulon, pour consacrer par un acte de reconnaissance le berceau de l'ordre des Chartreux, fit, en 1640, entourer l'antique chapelle de saint Bruno, bâtie en ce lieu, d'une autre chapelle plus grande. L'autel de cette chapelle a été, en 1820, revêtu

5

de bois peint et orné par la libéralité des princes qui voulurent rétablir à leurs frais cette chapelle et celle *de Casalibus.* »

Sur le pourtour on a représenté les compagnons de saint Bruno. On trouve de grandes fautes de dessin dans ces peintures; mais de loin elles produisent une assez grande illusion.

Les Chartreux y vont une fois dans le cours de l'été, chanter une messe, dans l'octave de la fête de saint Bruno.

Nous continuâmes ensuite notre route, nous dirigeant vers la base du Grand-Som.

Le chemin, d'abord couvert de verdure pendant près d'une heure, devient de plus en plus pénible. Enfin, après quelque temps d'une marche fatigante et difficile, on ne voit plus d'arbres : la région des sapins cesse; on ne trouve plus que des pâturages, et bientôt une bergerie occupée pendant l'été par des troupeaux venus de Provence. Située dans un défilé formé par les monts d'Aliénard et du Grand-Som, la bergerie est gardée à cette époque par des sentinelles redoutables, par

d'énormes chiens de la Camargue qui viennent à
vous en grondant et montrant des dents énormes ;
mais la voix du pâtre les rappelle, et ces animaux
tout à l'heure si effrayants s'en vont l'oreille basse
retrouver leur maître et vous livrent passage. Le
sentier est bordé de précipices de plus de trois
cents pieds de profondeur ; et, si la neige n'est
point fondue, prenez garde ; un faux pas peut
vous causer la mort. Après avoir marché ainsi une
heure et demie, si vous avez eu le courage de
continuer, vous serez amplement récompensé par
le spectacle qui vous attend. « Au couchant, c'est
la plaine du Lyonnais traversée par le Rhône ; les
montagnes du Forez et du Vivarais, et même
celles de l'Auvergne, se perdant en lignes indécises
dans le vague de l'horizon. Vers le nord, le lac du
Bourget, qui étend au pied du mont du Chat
son tapis d'un azur brillant, en contraste avec les
teintes grisâtres des vallées d'alentour. Enfin, vers
l'est et le sud, une de ces vues comparables, pour
la grandeur et la variété, à celles du Rigghi en
Suisse ou du col de Tende en Piémont. Toute la

chaîne de montagnes, depuis le mont Viso jusqu'au mont Blanc, se déroule en étages irréguliers
avec ses pics formidables et ses glaciers étincelants.
Par-dessus Taillefer, Belledonne et le Grand-Char-
nier, qui dominent les Alpes du Graisivaudan,
on aperçoit le Pelvoux soulevant au loin sa tête
chargée de neiges éternelles. Que de souvenirs
s'attachent à ces montagnes qu'on embrasse ainsi
d'un seul coup d'œil! Il semble qu'on y lise,
inscrit en caractères ineffaçables, quatre noms à
jamais illustres : Annibal, César, Charlemagne
et Napoléon. Le premier les franchit avec ses élé-
phants, le dernier avec sa pesante artillerie. Et en
empruntant à Bossuet une de ces images qui lui
sont propres, on pourrait se représenter les Alpes
comme *étonnées de se voir traversées tant de fois
et en des appareils si divers.* »

Si, plein de ces pensées, vous laissez tomber vos
regards sur le monastère, il vous apparaît alors
comme un plan en relief à plus de sept cents
mètres au-dessous de vous. C'est alors que l'âme,
déjà émue par ce qu'elle vient de voir, sent tout

le contraste qui existe entre les solitaires ses habitants et les hommes qui au milieu du monde ne
songent qu'à une seule chose : devenir célèbres.
Telles étaient mes réflexions lorsque j'aperçus près
de moi une croix qui du sommet de cette montagne
semblait de ses bras dominer et bénir le désert ;
un jeune novice du couvent a adressé les deux vers
suivants à la croix du Grand-Som :

> De tes bras étendus, auguste souveraine,
> Domine les monts et la plaine.

Lorsque nous rentrâmes au couvent, nous trouvâmes servi un repas maigre fort copieux : c'était
des œufs, des pommes de terre et des petits pois ;
le tout suivi d'un dessert, et accompagné d'un vin
fort présentable, mais qui ne manquait point
d'acidité comme le meilleur de ces contrées.

Bientôt le besoin du repos se fit sentir, et nous
rentrâmes chacun dans notre petite cellule dont la
porte ouvrait sur le réfectoire. L'ameublement en
est fort simple : une chaise, une table de sapin,
un prie-Dieu et un lit dans une espèce d'armoire.

La fatigue me fit promptement jouir du plus profond sommeil. Tout à coup je me sentis frapper
légèrement, et j'entendis un puissant *Benedicamus
Domino* qu'accompagnait le son vigoureux d'une
cloche. C'était le bon frère hôtelier qui, à ma
prière, venait me réveiller pour assister à l'office
de la nuit.

Je me levai promptement, et je me dirigeai vers
l'église où un chant grave et mélodieux se faisait
entendre. Les pères, revêtus de longs manteaux
blancs, portaient tous une petite lanterne qu'ils
cachaient de temps à autre. C'est alors que dans
les ténèbres de la nuit retentit le *Te Deum lauda-
mus* avec toute sa pompe ; mon âme vibrait tout
entière au chant de ce sublime cantique, dont les
paroles faisaient sur mon cœur une impression
puissante que j'éprouve encore en écrivant ces
lignes. « Puis un tintement trois fois répété dans
le désert avertit de redoubler d'attention... Ah !
c'est vraiment le concert des anges ! Empruntant
la sublime invocation de la belle hymne de saint
Ambroise, ils se prosternent en tremblant devant

la Majesté suprême du Dieu trois fois saint , et la nature entière s'anéantit en sa présence... »

Je n'oublierai jamais les délices que mon cœur éprouva dans cette nuit ; elle seule me servirait de consolation dans nos malheurs. Les distractions bruyantes que le monde appelle fêtes peuvent troubler mes sens , mais quelle tristesse les suit ! Mais les jouissances de l'âme ne laissent point de regrets , et je les trouve en ces lieux avec tous leurs charmes.

Le lendemain matin, avant de quitter le monastère , on nous apporta un album pour y inscrire nos noms ; et là j'ai pu me convaincre que je n'étais point le seul voyageur qui avait éprouvé de salutaires impressions ; je n'en prendrai qu'un seul exemple , celui de notre grand poëte , de M. de Lamartine , dont j'ai lu les strophes suivantes , écrites de sa main :

> Jéhova de la terre a consacré les cimes ;
> Elles sont des ses pas le divin marchepied :
> C'est là qu'environné de ses foudres sublimes ,
> Il vole , il descend, il s'assied.

Sina, l'Olympe même, en conserva la trace;
L'Oreb, en tressaillant, s'inclina sous ses pas;
Thor entendit sa voix, Gelboé vit sa face,
    Golgotha pleura son trépas.

Dieu que l'Hébron connaît, Dieu que Cédar adore,
Ta gloire à ces rochers jadis se dévoila;
Sur le sommet des monts nous te cherchons encore :
    Seigneur, réponds-nous, es-tu là?

Paisibles habitants de ces saintes retraites,
Comme au pied de ces monts où priait Israël,
Dans le calme des nuits, des hauteurs où vous êtes,
    N'entendez-vous donc rien du ciel?

Ne voyez-vous jamais les divines phalanges
Sur vos dômes sacrés descendre et se pencher?
N'entendez-vous jamais des doux concerts des anges
    Retentir l'écho du rocher?

Quoi! l'âme en vain regarde, aspire, implore, écoute;
Entre le ciel et nous est-il un mur d'airain?
Vos yeux toujours levés vers la céleste voûte,
    Vos yeux sont-ils levés en vain?

Pour s'élancer, Seigneur, où ta voix les appelle,
Les astres de la nuit ont des chars de saphirs;
Pour s'élever à toi, l'aigle au moins a son aile :
    Nous n'avons rien que des soupirs.

Quoi ! la voix de tes saints s'élève et te désarme ;

La prière du juste est l'encens des mortels.

Et nous, pécheurs, passons : nous n'avous qu'une larme

A répandre sur tes autels !

L'album sur lequel nous signâmes date de 1816 et contient quelques pièces intéressantes. Voici par ordre de dates les noms les plus connus que j'y ai trouvés : Dureau de la Malle, Mounier, Cambacérès, la princesse de Talmont, César de Choiseul, de Noailles, le prince de Montmorency, de Montausier, le prince de Latour-et-Tanis, et enfin Lamartine.

La première ligne est d'un Anglais nommé Ramsay, « allant à Florence ; » c'est tout ce qu'il trouve à nous dire. Plus loin M. John Mead, élève du collége d'Oxford, y a transcrit, de mémoire, les belles stances du fameux Gray, composées à la Grande – Chartreuse, et écrites par l'auteur sur l'ancien album, en 1741. La plupart se contentent d'écrire : « Tels et tels sont venus visiter la Grande-Chartreuse. » Le 7 juillet 1818 un voyageur leur a répondu : « J'en suis bien aise pour eux. »

M. de Serre a écrit le 7 mai 1818 : « Un Dieu a créé l'homme pour l'amour, la vertu et la liberté. Heur et bonheur à qui conserve inaltérables les dons de la Divinité ! » Plus loin le marquis de Gontelas a réfuté cette opinion qu'il accusait de sentir le déisme.

J'ai lu ces beaux vers avec plaisir :

> Thus, let me live, unseen, unknown
> Thus unlamented, let me die :
> Steat from the World, and nat a stone
> Tel, un here i lie.

Laisse-moi vivre ainsi, caché, inconnu ; laisse-moi mourir ainsi sans coûter une larme ; et qu'en me dérobant au monde une pierre ne lui dise pas : « Il gît ici. »

Plus loin un jeune étudiant en droit, qui veut garder l'incognito, nous dit :

Dès longtemps, tout au roi, pas encore tout à Dieu. J'ai vu des gens de bien ; je deviendrai meilleur.

J'ai lu les beaux vers de Lamartine cités précédemment, et enfin ceux-ci :

Tout m'enchante en ce lieu paisible,

Tout me dit qu'on y vit heureux ;

Ces noirs sapins, ces abîmes affreux

A mes yeux n'ont rien de terrible,

Et j'aimerais le sort des bons Chartreux...

Mais un seul point vient ralentir ma flamme :

Ce silence éternel glace mon cœur d'effroi ;

Lecteur, tu devines pourquoi :

C'est que je suis.... une femme.

CLOTILDE.

Bien que je n'aie pas lu les vers suivants sur l'album, je veux les citer, car ils montrent qu'un grand esprit ne peut rester indifférent à la vue de cette belle nature et de ces saints religieux ; ce fragment fut écrit par Ducis, lors de son voyage à la Grande-Chartreuse, en 1785, avec Thomas de l'Académie française, qui mourut quelques jours après aux environs de Lyon :

Quel calme ! quel désert ! Dans une paix profonde,

Je n'entends plus mugir les tempêtes du monde.

Le monde a disparu, le temps s'est arrêté....

Commences-tu pour moi, terrible éternité !

Ah ! je sens que déjà, dans cette auguste enceinte,

Un Dieu consolateur daigne apaiser ma crainte.

Je le sais, c'est un père ; il chérit les humains :
Pourquoi briserait-il l'ouvrage de ses mains ?
C'est lui qui m'a formé dans le sein de ma mère ;
Il veut mon repentir, mais il veut que j'espère.
O toi qui sur ces monts blanchis par les hivers,
Viens chercher les frimats, un tombeau, des déserts,
Et qui volant plus haut par ton amour extrême,
Semblait, voisin du ciel, habiter le ciel même,
Que j'aime à voir tes pas empreints dans ces saints lieux !
Le berceau de ton ordre est caché dans les cieux.
C'est là que du Seigneur répétant les louanges,
La voix de tes enfants s'unit au chœur des anges.
Là de ses faux plaisirs, par le siècle égaré,
Le voyageur pensif a souvent soupiré.
Ces rochers, ces sapins, ce torrent solitaire,
Tout parle, tout m'instruit à mépriser la terre,
La terre où le bonheur est un fruit étranger
Que toujours quelque ver en secret vient ronger.
Partout de ma douleur j'y trouve les images ;
L'amour a ses tourments, l'amitié ses outrages.
Que de désirs trompés, de travaux superflus !...
Vous qui, vivant pour Dieu, mourez dans ces retraites,
Heureux qui vient vous voir dans le port où vous êtes ;
Mais plus heureux cent fois celui qui n'en sort plus !

Je pourrais en citer beaucoup d'autres ; mais
qu'il me suffise de dire que l'ensemble de ce que

j'ai lu , à part quelques sottes plaisanteries que j'ai rencontrées sur cet album , montre que le monde n'a pas l'idée de la paix que l'on goûte sous le toit des enfants de saint Bruno. C'est une autre terre, c'est une autre nature. « On la sent , on ne la définit pas , cette paix qui vous gagne. J'ai vu le rire de l'ingénuité sur les lèvres du vieillard, la gravité et le recueillement de l'âme dans les traits de la jeunesse. J'ai eu ma cellule où j'ai couché deux nuits ; et c'est avec regret que je me suis éloigné de cette maison de paix. »

CHAPITRE V

De la Grande-Chartreuse à Grenoble par le Sappey.

> Hæc olim meminisse juvabit [1].
> VIRG.

Au sortir de la maison, nous prîmes le chemin qui traverse la prairie. On n'est plus entouré de ces magnifiques montagnes couvertes de forêts impénétrables; on ne marche plus au bruit des torrents et des cascades; on ne rencontre plus de ces accidents imprévus qui vous étonnent et vous charment. C'est encore une belle campagne, les points de vue sont agréables et rappellent quelquefois l'autre partie du désert; mais ceux qui seraient

[1] Je m'en souviendrai toujours avec plaisir.

venus à la Chartreuse par cette route pourraient dire n'avoir rien vu.

Au bout d'un quart d'heure nous arrivâmes aux bâtiments de la Courrerie , ainsi appelée de ce qu'avant la révolution , le premier procureur de la Grande-Chartreuse , auquel on donnait le nom de dom Courrier, y faisait sa résidence ordinaire.

« Cet établissement fut originairement construit pour être la demeure des religieux auxquels leur âge ou leur santé ne permettait pas de pratiquer les austérités de la règle. En effet la Courrerie fut une espèce d'hospice et comme une succursale de la maison-mère. Elle renferma une église , un chapitre, un cloître et sept cellules. On y ajouta ensuite des ateliers où l'on fabriquait le drap né-cessaire pour la communauté ainsi que pour le soulagement des pauvres du voisinage. Les Char-treux y eurent aussi une imprimerie qui leur four-nissait les livres de liturgie et les ouvrages relatifs à leur ordre. De plus on y élevait douze enfants pauvres des paroisses environnantes; on formait ces enfants à la piété et aux bonnes mœurs , et ils ne sortaient de là qu'après avoir appris un métier et reçu de quoi s'établir [1]. »

Tout cela n'existe plus. Tout est en ruines, et le peu que l'on a réparé sert de logement aux gardes-forestiers [2]. Une seule chose existe encore au complet : c'est la porte d'entrée, sur laquelle on lit :

Da, precor, infantem; nam dulce est hoç mihi pondus,
Si tamen est pondus quod mala nostra levat.

Ce qui veut dire : « Donnez votre enfant à garder ; car ce m'est un doux fardeau , si toutefois il est fardeau qui puisse alléger nos maux. »

Continuons notre route, qui, en descendant, traverse une belle forêt et suit à mi-côte le Guyn par une pente douce et variée. Là s'élèvent quelques habitations qui animent le désert; aujourd'hui demeures de quelques pauvres bûcherons, elles sem-

---

[1] M. Albert du Boys, ancien magistrat : *Voyage à la Chartreuse,* ouvrage qui me fut donné par le père Timothée, alors coadjuteur de ce monastère.

[2] Le désert appartient à l'État, qui veut bien fournir aux religieux le bois de chauffage et de construction qui leur est nécessaire.

blent regretter leur première destination. C'étaient
de vastes usines où retentissait le bruit de l'en-
clume et de la forge. En voyant ces pauvres
chaumières, je me rappelai des vers que j'avais lus
sur l'album ; ils sont du père Mandac, oratorien,
qui visita la Chartreuse en 1780 :

> . . . .
> L'œil ardent, les bras nus et les cheveux épars,
> On voit là le travail animer tous les arts.
>
> . . . .
> Partout au mouvement l'adresse s'associe :
> Ici tonne l'enclume, et là frémit la scie ;
> Dans le flanc des fourneaux par Eole allumés
> On entend bouillonner les métaux enflammés ;
> Le feu, l'air, tout agit, et le long des rivages
> Les flots précipités font mouvoir cent rouages.
> Le bruit des balanciers, des forges, des marteaux,
> Le fracas des torrents doublé par les échos,
> Les ressorts, les leviers et le jeu des machines,
> Un si grand appareil au milieu des ruines....

Bientôt vous voyez s'élever dans les airs deux
rochers dénudés qui, se rapprochant par le haut,
laissent passer le Guyn et une petite route qui

6

autrefois pouvait se fermer par une porte aujour-
d'hui en ruine. Cette porte est située dans un lieu
moins sauvage et moins abrupte que l'autre ; mais
elle a quelque chose de plus élégant et peut-être
de plus grandiose : la première étonne, la seconde
plaît. Le chemin traverse un pont sous lequel
rugit le torrent qui semble s'abandonner à toute sa
fureur contre les obstacles nombreux qu'il doit
surmonter. Puis on entre dans une verte campagne
qui vous invite à dire adieu au désert. A gauche
vous apercevez le village de Saint-Pierre-des-Chartreux, qui a donné son nom au désert et au couvent que nous venons de visiter ; c'est une agglomération de pauvres bûcherons servant quelquefois
de guides aux voyageurs et ne pouvant exister sans
les bienfaits des religieux.

La route s'élève pendant quelque temps , et l'on
arrive à une maison nommé le Grand-Logis ; puis
de l'autre côté on voit la chapelle de Saint-Hugues,
et on quitte pour toujours le désert.

Le chemin, triste et désagréable, traverse des
marais, sur un pavé décharné, glissant et couvert

de vase, où l'on est assailli par des mendiants qui
habitent de mauvaises cabanes placées le long de
la route. Quelle différence avec Saint-Laurent-du-
Pont! Là tout est riche et gai; ici tout est pauvre
et triste, jusqu'au chemin, qui, jonché de débris
de sapins, rappelle que l'insouciance des bûcherons
mène ces belles forêts que nous avions admirées à
une ruine rapide et complète; car ils s'en prennent
à tout ce qu'ils peuvent atteindre, sans égard à
l'âge et à la force de ce qu'ils abattent.

Puis on arrive, en montant à travers un magnifique bois de hêtres et de sapins, au pic de Chamau-
zade, montagne moins élevée que le Grand-Som,
mais plus haute que la Grande-Chartreuse.

« Là un spectacle assez curieux s'offrit à nos
regards : c'étaient de nombreux troupeaux de
moutons errants dans de stériles pâturages, tandis que leurs gardiens, accroupis auprès du feu,
n'avaient pour tout abri pendant la nuit qu'une
misérable hutte dans laquelle ils ne pouvaient se
tenir debout.

On redescend ensuite, par un chemin raide et

presqu'impraticable, creusé comme un canal, dans une terre argilleuse et mouvante; la pente devient tout d'un coup encore plus difficile par son escarpement, mais le terrain, prenant plus de consistance, permet de continuer la route avec plus de sécurité.

On arrive bientôt sur le Sappey, où se trouve le village de même nom, à quelques pas de la route; et comme nous marchions depuis trois heures, nous nous y arrêtâmes quelque temps, pour prendre un léger repas, que nous offrit avec le plus gracieux empressement un paysan qui aiguisait sa faux à la porte de sa chaumière. J'eus lieu de remarquer une cheminée qui se ferme par le haut, pour conserver la chaleur, comme le font les habitants des pays du Nord, ainsi que le racontent divers voyageurs célèbres. Le village, entouré de monticules couverts de la plus riche végétation, est fort bien abrité contre le vent.

Nous regagnâmes la route, qui, tracée sur un rocher calcaire, plonge et se précipite dans une étroite vallée creusée par un torrent qu'on entend

mugir à ses côtés, sans presque l'apercevoir, tant
il est caché par les broussailles. Resserré dans
cet étroit espace, on y éprouve une sorte de gêne
qu'on a peine à définir; il semble que l'on soit
dans une prison de rochers. « Enfin nous voyons
se terminer l'une de ces chaînes de rochers que
nous avions côtoyées depuis si longtemps; leurs
flancs s'arrondissent, et bientôt la vue la plus
riante et la plus belle se découvre à nos yeux.
Nous nous trouvons au sommet d'un côteau couvert de vignes, de vergers et de maisons de campagne; la molle inflexion du terrain conduisait
doucement les yeux jusqu'à l'Isère, qui, dans ses
sinueux détours, venait former au pied de la
colline un bassin argenté. Sur les rives opposées
se présentent de verdoyantes prairies, une culture
variée comme celle d'un vaste jardin, des lignes
de saules divisant les héritages; puis, plus loin,
des côteaux couverts de taillis et de forêts de
châtaigniers, entremêlés de champs cultivés, de
vergers émaillés de fleurs, et de quelques villages
couverts en tuiles et en chaume. Des forêts de

sapins se déployaient au-dessus de ces côteaux à des hauteurs inégales, et elles étaient à leur tour surmontées d'un couronnement de neige dont elles rehaussaient l'éclatante blancheur. Après n'avoir vu si longtemps que rochers et sapins, combien cette végétation nous parut belle! Quelle délicatesse dans les nuances des teintes et des couleurs! quelle fraîcheur dans la verdure! Etonnés, ravis, il nous semblait voir l'univers sortir du chaos et étaler devant nous tout l'éclat de sa primitive jeunesse. »

En continuant la route, on arrive sur les hauteurs de Montfleury, ancienne maison de Dominicains, aujourd'hui occupée par les Dames de Saint-Pierre, qui se consacrent avec succès à l'éducation des jeunes personnes. C'est de là qu'on voit les montagnes du Triève se développer dans une perspective lointaine, et qu'en même temps on découvre Grenoble, dominée par sa magnifique citadelle.

La capitale du Dauphiné, adossée à une montagne peu élevée, et traversée par l'Isère, montre ses délicieuses promenades ; et si vous avez comme moi le bonheur d'arriver au moment du coucher du soleil, vous verrez le spectacle le plus magnifique qu'il soit possible d'imaginer : les collines composant le premier plan du tableau projetaient leurs ombres sur le côté opposé où elles formaient des teintes mollement nuancées , tandis que les pics décharnés de l'Olvon se perdaient dans un lointain vaporeux.

Nous étions sous l'influence de ces sensations lorsque nous nous trouvâmes dans les rues de Grenoble.

Ici devrait se terminer ma relation ; mais je n'aurais point voulu quitter Grenoble sans connaître les restes de l'ancienne bibliothèque des Chartreux, conservés dans celle de cette ville ; et ce motif se rattachant à celui de mon voyage, je veux rendre compte au lecteur de ma visite. J'y employai le jour suivant, et je dois dire que je fus parfaitement reçu par le conservateur de ce précieux dépôt.

Il existe encore quatre cent quatre-vingt-neuf

manuscrits provenant de la Grande-Chartreuse ; presque tous parfaitement conservés, écrits avec soin sur vélin et sur parchemin. Les plus remarquables sont : une grande Bible sur vélin, ornée de miniatures du x⁰ siècle, dont les couleurs sont d'une fraîcheur parfaite ; un Nouveau Testament du xı° siècle ; un Psautier du xıv° siècle, et une Imitation de Jésus-Christ du xv° siècle. Le tout est parfaitement catalogué et conservé avec le plus grand soin.

CHAPITRE VI

Vie de saint Bruno.

Le plus bel ouvrage est l'ordre qu'il a fondé.
FELLER.

Après avoir vu et admiré l'œuvre, jetons un regard sur le fondateur.

Saint Bruno naquit à Cologne, en 1030, de parents nobles dont les ancêtres avaient été envoyés par Trajan pour coloniser les provinces germaniques. Dès sa plus tendre jeunesse, il montra les plus heureuses dispositions jointes à la plus grande piété ; il fit ses études à la collégiale de Saint-Cunibert. Saint Annon, évêque de Cologne, voulant récompenser son zèle pour le Seigneur, lui

7

donna fort jeune une place de chanoine métropo-
litain, ce qui ne fit qu'affermir sa vocation sacer-
dotale. Attiré à Reims par la réputation dont jouis-
sait son école, il y parcourut avec distinction la
carrière de toutes les sciences et excella surtout
dans la théologie. L'archevêque Gervais, ravi de
ses progrès et de sa sagesse exemplaire, lui
conféra d'abord la dignité de scolastique, dont
dépendait l'instruction des clercs, puis celle de
chancelier, qui lui donnait la direction des écoles
publiques de la ville et l'inspection sur toutes
les hautes études du diocèse. Il eut pour disciples
des hommes devenus célèbres, entre autres Odon,
qui devint pape sous le nom d'Urbain II.

Manassès [1], usurpateur du siège de Reims,
tyran de tous ses diocésains, ayant été cité au
concile d'Autun, en 1077, Bruno et deux autres
chanoines s'y portèrent pour ses accusateurs. Ma-

---

[1] Manassès I", issu du sang royal et allié aux premières
familles du royaume, devint archevêque de Reims par simonie.
Sa violence et sa fierté le firent chasser par les bourgeois et le
clergé.

nassès, condamné par contumace et déclaré suspendu de ses fonctions, déchargea sa fureur sur
les trois membres de son chapitre, enfonça leurs
maisons, pilla leurs propriétés, vendit leurs pré-
bendes, et les força de se réfugier au château du
comte de Boucy pour mettre leurs personnes à
l'abri de ses violences. Tant de dérèglements le
firent déposer en 1080, et le chapitre de Reims,
jetant les vues sur saint Bruno, écrivait au Saint-
Père : « Nous vous recommandons Bruno, qui
» préside aux écoles de Reims et dont la vie est
» irréprochable... Il faudrait le mettre sur le siége
» archiépiscopal. »

Saint Bruno, par un sentiment profond d'hu-
milité, refusa cet insigne honneur, et alla se
retirer à Suisse-Fontaine, dans le diocèse de
Langres, où il passa quelque temps au milieu
des exercices de la vie monastique, avec deux
amis qui l'avaient suivi dans sa retraite.

Déjà Bruno avait témoigné un goût prononcé pour la retraite ; car je lis dans le
P. de Tracy, la lettre suivante, écrite par ce

grand saint : « Souvenez-vous du jour, dit-il
à son ami Raoul le Vert, où j'étais avec vous
et Fulcius dans le jardin contigu à la maison
d'Adam, dans laquelle je demeurais alors. Nous
eûmes un entretien sur les faux plaisirs et sur
les richesses périssables de la terre ainsi que
sur les délices de la gloire éternelle, et nous
fîmes la promesse et le vœu d'abandonner le
siècle au plus tôt et de revêtir l'habit monastique. Nous aurions sans retard exécuté ce vœu,
si Fulcius n'eût pas eu à faire sur-le-champ le
voyage de Rome. Mais Fulcius ayant différé quelque
temps son retour, l'amour a commencé à lan-
guir dans votre âme, le courage s'est refroidi, et
la ferveur s'est évanouie, etc. »

Cependant, avant de quitter le monde,
Bruno remonta dans sa chaire de théologie à
Reims. Au lieu d'aborder, comme auparavant,
la subtilité de la scolastique ou d'entrer dans
les profondeurs du dogme, il ne prêcha plus
que l'abandon du monde et de ses vanités.
L'impression qu'il produisit fut si grande que

quelques-uns de ses auditeurs déclarèrent vou-
loir le suivre, et remplacèrent pour lui Robert
et Fulcius, qui avaient renoncé à leur première
résolution.

Bruno, après avoir pris les conseils de saint
Robert, abbé de Molesmes, qui fonda l'ordre
de Cîteaux, partit avec ses compagnons, au
nombre de six ; il alla trouver saint Hugues,
évêque de Grenoble, les conduisit lui-même dans
le désert appelé Chartreuse, à six lieues de cette
ville. Quelque temps auparavant, saint Hugues
avait eu une vision : Transporté en esprit au
milieu des montagnes de la Chartreuse, il lui
sembla que le Seigneur se construisait un temple
magnifique. En même temps il vit sept étoiles
brillantes s'arrêter sur le sommet de l'édifice et
l'entourer d'une mystérieuse lumière.

Quelques jours après, Bruno arrivait avec ses
disciples, qui étaient Landuin de Toscane, qui
lui succéda dans le gouvernement de la maison ;
Etienne de Bourg et Etienne de Die, chanoines
de Valence ; Hugues le Chapelain, et deux laïcs,

André et Guérin. Il existe une légende que
Lesueur a immortalisée, sur l'admission des deux
laïcs dans l'ordre. A la suite du dernier entretien que Bruno avait eu avec eux, il passa
toute la nuit en prières, puis s'endormit; dans
son sommeil les anges lui apparurent pour lui
annoncer que ses travaux seraient bénis. Notre
saint se lève et va en faire part à ses compagnons, qu'il admet comme siens.

Nos pieux ermites se bâtirent un oratoire et
quelques cellules; celle de saint Bruno était à
l'endroit où s'élève aujourd'hui la chapelle de
ce nom.

Mabillon rapporte que Bruno, non content
de la retraite où il vivait, quittait ses compagnons dans la journée et s'enfonçait dans la
forêt pour se livrer plus ardemment à ses pieuses
méditations.

Peu à peu les habitants du désert se mul-
tiplièrent; et, grâce à de nombreuses dona-
tions, ils en devinrent les seuls propriétaires;
alors ils bâtirent une église sur l'emplacement

où nous avons vu la chapelle *de Casalibus*.

Bientôt un monastère s'éleva près de l'église, et nous voyons Guibert, abbé de Nogent, le visiter en 1104 et le décrire ainsi : « Leur église est bâtie près du sommet de la montagne. Ils ont un cloître assez commode; mais ils ne demeurent pas ensemble comme les autres moines. Chacun a autour du cloître sa cellule, où il travaille, dort et prend sa réfection. Ils reçoivent le dimanche, du dépensier, pour nourriture, du pain et des légumes, qui sont les seuls mets et qu'ils cuisent chez eux. Ils ont dans leur cellule de l'eau qui vient par des conduits souterrains. Ils peuvent, les dimanches et les jours de fêtes, manger du fromage et du poisson; mais ils ne font usage de poisson qu'autant qu'on leur en donne, car ils n'en achètent point. Ils n'ont ni or ni argent dans leurs ornements d'église; il n'y a que le calice qui soit d'argent. Ils ne viennent pas dans l'église à toutes les heures de l'office, comme nous, qui suivons la règle de Saint-Benoît. Ils ne parlent presque jamais. S'ils usent de vin, il est si trempé qu'il n'a aucune force : il n'est guère meilleur que de l'eau. Ils portent le cilice sur la chair; les autres vêtements se réduisent à peu de chose. Quoiqu'ils soient pauvres, ils ont cependant une riche bibliothèque. »

Pourquoi ne pas citer aussi la description de la vie des Chartreux, que nous donne Pierre le Vénérable, abbé de Cluny :

« Ils sont, dit-il, les plus pauvres de tous les moines ; la vue seule de leur extérieur effraie. Ils portent un rude cilice, affligent leur chair par des jeûnes presque continuels, et ne mangent que du pain de son, en maladie comme en santé. Ils ne connaissent point l'usage de la viande. Les dimanches et les jeudis, ils vivent d'œufs et de fromage : des herbes bouillies font leur nourriture les mardis et les samedis ; les autres jours de la semaine, ils vivent de pain et d'eau. Ils ne font par jour qu'un seul repas, excepté dans les octaves de Noël, de l'Epiphanie, de Pâques, de la Pentecôte et de quelques autres fêtes. La prière, la

lecture et le travail des mains , qui consiste prin-
cipalement à copier des livres, sont leur occupa-
tion ordinaire. Ils récitent les petites heures de
l'office divin dans leurs cellules , lorsqu'ils en-
tendent sonner la cloche ; mais ils s'assemblent à
l'église pour chanter les vêpres et les matines ;
ils disent la messe les dimanches et les fêtes. »

Bruno vivait paisiblement dans son désert , pensant que les obstacles qui l'entouraient mettaient
entre lui et le monde d'invincibles barrières ; mais
il se trompait. Le pape Urbain II, son ancien élève
à Reims, le manda auprès de lui pour l'aider de
ses conseils dans le gouvernement de l'Eglise. Il
obéit contre son gré , et fut suivi de ses frères
jusqu'à Rome. Mais bientôt, regrettant leur solitude, ils y revinrent sous la conduite de Landuin.
La vie de la cour romaine déplaisait à Bruno, et
ses instances auprès du pontife étaient sans effet.
Il avait refusé l'archevêché de Reggio, qu'Urbain
voulait lui donner ; mais enfin il lui fut permis
de fonder une seconde Chartreuse dans le désert
della Torre en Calabre.

Voici comment la légende rapporte la fondation du monastère della Torre :

Bruno s'était retiré avec quelques disciples dans des grottes creusées dans le flanc d'une montagne. Un jour il priait, lorsqu'il vit venir à lui un chasseur ; c'était, le comte Roger, qui, trouvant un ineffable bonheur dans l'entretien du solitaire, s'empressa de lui donner la terre qu'il habitait, et lui fit construire en ce même lieu deux belles églises.

Dans ce nouveau monastère, Bruno reprit son ancien genre de vie, sans pouvoir toutefois se sevrer entièrement du monde ; car le Pape l'appelait fréquemment auprès de lui pour des conciles, entre autres celui de Plaisance.

A partir de ce dernier concile, Bruno rentra dans sa retraite de Calabre, qu'il nous décrit lui-même dans une lettre à son ancien ami Raoul le Vert :

« . . . . . Je me suis fixé sur les frontières de la Calabre, dans un ermitage situé à une assez grande distance de toute habitation humaine. Je suis là avec plusieurs religieux, mes frères. Parmi eux, quelques-uns sont remarquables par leur savoir. Tous attendent dans leurs saintes veilles la venue du Seigneur, afin d'être prêts à lui ouvrir quand il frappera à leur porte. Cette solitude est dans une position riante ; l'air y est doux et pur. La plaine spacieuse qui l'entoure s'étend gracieusement au milieu d'une vaste enceinte de montagnes : elle est couverte de prairies verdoyantes et de pâturages émaillés de fleurs. Comment pourrai-je décrire cette perspective, qu'offrent les collines s'élevant en pente douce les unes au-dessus des autres, ces vallons retirés, tout couverts de fraîcheur et d'ombrages, ces fontaines, ces ruisseaux qui sillonnent la campagne, ces jardins toujours arrosés par de petits canaux, ces arbres qui portent en abondance des fruits si beaux et si variés [1]! »

Le comte Roger, qui continuait à protéger Bruno et ses compagnons, leur fit bâtir une église dans une forêt située à une demi-lieue de Santa-Maria-del-Eremo ; la nouvelle église fut entourée d'un

---

[1] Cette traduction est de M. Albert du Boys; elle est extraite de sa notice sur la Grande-Chartreuse.

monastère que l'on appelle Saint-Etienne-des-Bois, destiné aux Chartreux malades et qui ne pouvaient pratiquer toutes les austérités de la régle.

Les disciples de Bruno augmentaient de jour en jour, et les besoins du couvent croissaient en même temps; mais la Providence lui venait en aide en la personne du comte Roger, qui redou: blait pour lui de bienveillance depuis que notre saint lui avait apparu en songe pendant qu'il assiégeait Capoue. Voici le fait raconté par le comte lui-même.

« Une nuit, la garde du camp ayant été confiée au capitaine grec Sergius, ce misérable s'était vendu au prince de Capoue et lui avait promis de le laisser entrer dans la tente du comte. L'heure désignée arrivait, lorsque Roger eut un songe : « Un vieillard d'un aspect vénérable m'apparut tout à coup; ses habits étaient déchirés, ses yeux étaient pleins de larmes. Je lui demandai la cause de sa douleur; il ne fit que pleurer encore davantage. Enfin, sur ma demande réitérée, il me ré—

pondit en ces termes : « Je pleure un grand nombre
de chrétiens et toi-même qui dois périr avec eux.
Mais lève-toi sur-le-champ, prends tes armes, et
peut-être Dieu te sauvera toi et tes soldats. » Pendant que j'entendais ces paroles, je croyais reconnaître les traits de mon vénérable père Bruno. Je
m'éveille aussitôt, terrifié par cette vision ; et,
prenant mon armure, je crie à mes hommes
d'armes de monter à cheval et de me suivre. A
ce bruit, Sergius et ses complices prennent la fuite
en se dirigeant vers Capoue. Mes soldats font
prisonniers cent soixante-deux Grecs de sa com-
pagnie et les ramènent au camp. C'est par leurs
aveux que j'apprends la réalité du complot tramé
contre moi. Le 29 juillet, après avoir pris Capoue,
je revins à Squillace, où je fus malade pendant
quinze jours. Le vénérable Bruno, avec quatre de
ses frères, vint me visiter dans mes souffrances et
me consola par ses pieux entretiens. Je lui racontai
ma vision et lui exprimai ma reconnaissance pour
cet important service. Mais il me repartit humblement, que ce n'était pas lui que j'avais vu,

mais bien l'ange du Seigneur chargé de protéger
les princes en temps de guerre. Je le priai alors
d'accepter d'amples revenus sur ma terre de Squillace : mais il refusa, en me disant qu'il avait
quitté sa famille et ses biens afin de pouvoir
servir Dieu avec une âme tout à fait dégagée des
biens de la terre. A peine pus-je obtenir qu'il ac-
ceptât de moi un modique présent.... » Le comte,
sur la prière de Bruno, commua la peine de mort
infligée aux traîtres en celle du servage. »

Si notre pieux anachorète s'occupait activement
de ses établissements de la Calabre, il n'oubliait
point ses frères de la Grande-Chartreuse; et
ceux-ci, voulant conférer avec leur fondateur sur
une foule de points importants, lui envoyèrent
leur prieur Hauduin.

Avec le prieur de la maison-mère, Bruno posa
les bases de son ordre, que Guignes, cinquième
supérieur général, recueillit plus tard pour en
former une règle écrite.

Puis Landuin repartit pour son couvent vers le
milieu de l'année 1093, emportant une lettre de

saint Bruno , lettre qui nous a été conservée et qui se termine ainsi : « Croyez bien , mes frères chéris, que mon plus vif désir , après celui de voir Dieu, serait d'aller vous rejoindre et de vous retrouver tous. Fasse le Ciel que je puisse quelque jour le satisfaire !... »

En traversant l'Italie , Landuin fut arrêté par les partisans de l'antipape Guibert, qui voulurent le contraindre de le reconnaître; le vénérable prieur, s'y étant refusé, fut jeté dans un cachot infect, d'où il ne sortit qu'à la mort de Guibert [1].

Les souffrances et la captivité hâtèrent les derniers moments de Landuin ; il ne put achever son voyage, et il se retira dans un monastère d'Italie , où il mourut en 1100 [2].

L'année précédente Urbain II était mort; puis , au commencement du mois de juin 1101 , le

[1] Guibert, antipape, était archevêque de Ravenne ; il fut excommunié dans un concile tenu à Bénévent; après avoir trouvé le moyen de résister à trois papes légitimes, il mourut subitement en fuyant d'Albano à Città di Castello.

[2] Pierre Canisius l'a inscrit dans son martyrologe , le considérant martyr de sa foi.

comte Roger [1], sentant sa fin, fit appeler son saint ami, et mourut entre ses bras, à l'âge de soixante-onze ans.

Bruno ne survécut que trois mois à son protecteur. Lorsqu'il vit arriver le moment qu'il avait tant désiré, de se réunir à Celui sur lequel il avait porté toutes ses affections , il réunit ses religieux et leur fit la confession de sa vie tout entière ; puis leur ayant demandé s'ils le croyaient digne de recevoir la sainte Eucharistie , il mourut en leur recommandant la charité et l'attachement à la sainte Église. C'était un dimanche, le 6 octobre 1101 ; il avait soixante-six ans d'âge et dix-sept de vie religieuse.

Lorsque les religieux de la Grande-Chartreuse apprirent la fatale nouvelle, ils répondirent à leurs frères d'Italie : « Nous sommes plus affligés de la perte de notre très-pieux père Bruno que tous ceux

---

[1] Roger, premier roi de Sicile, était petit-fils de Tancrède de Hauteville en Normandie; il avait fait graver ce vers sur son épée :

Appulus et Calaber, Siculus mihi servit, et Afer.

qui peuvent regretter cet homme si distingué et si illustre. Nous prierons, sans limiter le nombre de nos suffrages, pour le repos de son âme. Elle nous est très-chère, et nous en révérons la sainteté. Les bienfaits que nous avons reçus de celui que nous regrettons, surpassent tout ce que nous devons et pouvons faire... »

Si Bruno a été un grand saint, il fut aussi un des écrivains les plus illustres de l'Eglise. Les Bénédictins, dans leur *Histoire littéraire de la France*, disent : « Il est difficile de trouver un écrit à la fois plus solide et plus lumineux, plus concis et plus clair, que le *Commentaire* de S. Bruno sur les Psaumes. S'il eût été plus connu, on en aurai fait plus d'usage. On l'aurait regardé comme très-propre à donner une juste intelligence des Psaumes.... »

Outre ses Commentaires sur les Psaumes, nous possédons de lui deux lettres écrites de la Calabre et la Confession de foi qu'il fit à sa mort. On a joint à ses œuvres celles de S. Bruno de Segni, évêque de Segni, mort en 1125.

8

La première édition des œuvres de S. Bruno a
été publiée à Paris en 1524, sur les manuscrits
procurés par Bibaucius, général des Chartreux.

Mais « le plus grand de ses ouvrages est la
fondation de son ordre. »

CHAPITRE VII

Historique de la Grande-Chartreuse. — Rentrée des Chartreux en 1816.

Bis profugi è mundo, bis vitæ fluctibus acti,
Hoc portu norunt speque fideque frui [1].

Remy Halam.

Nous venons de voir que saint Hugues, évêque de Grenoble, avait fait construire pour saint Bruno et ses compagnons un monastère près de la chapelle *de Casalibus*. Le 30 janvier 1133, sous le généralat du vénérable Guignes, cinquième prieur de la Grande-Chartreuse, une avalanche

---

[1] Ces vers, écrits sur l'album des voyageurs, signifient : « Deux fois ils ont fui le monde ; deux fois agités par les flots de la vie, ils apprirent à jouir, dans le port, de la foi et de l'espérance. »

ensevelit six religieux et un novice. Un seul fut retiré vivant au bout de douze jours, et mourut quelques moments après, ayant reçu les derniers sacrements. Le révérend père réunit à ceux de ses religieux échappés à la catastrophe quelques autres frères de la Chartreuse des Portes, au diocèse de Belley, et fonda un couvent sur l'emplacement où est aujourd'hui le monastère. Le nouveau couvent est bâti en bois; et ce ne fut que sous le gouvernement de saint Anthelme, septième général de l'ordre et évêque de Belley, que furent posés les fondements de la partie du cloître en style gothique que nous avons admirée.

La maison prenait ainsi des accroissements successifs, grâce aux libéralités de puissants protecteurs, lorsqu'elle fut incendiée en 1320. L'incendie la ravagea jusqu'à huit fois, 1371, 1474, 1510, 1562, 1592, 1611, et enfin le 10 avril 1676.

Le cinquième désastre, celui de 1562, est attribué au baron des Adrets [1]. Ce fut à la suite de

[1] François de Beaumont, baron des Adrets, de l'ancienne

l'incendie, de 1610 que la maison fut mise dans l'état où nous la voyons aujourd'hui, par un frère architecte et par dom le Masson, cinquantième général de l'ordre.

Enfin arriva la révolution de 89 : elle parut d'abord oublier les religieux de la Grande-Chartreuse ; mais en 1792, elle les proscrivit. Pendant tout le temps que durèrent les fureurs sanguinaires, les diverses maisons de l'ordre furent supprimées, à l'exception de celle de la *Part–Dieu*, en Suisse, qui, seule en Europe, échappa à la destruction. A cette époque le révérend père était dom Nicolas Geoffroy, qui retiré à Rome y mourut en 1801. A partir de cette époque jusqu'en 1816, l'ordre fut gouverné par trois vicaires généraux. En 1815, dom Moissonnier, second vicaire général, fit des démarches auprès du gouvernement français pour rentrer en possession du couvent. Sa requête fut prise en considération par le gou-

maison de Beaumont en Dauphiné, naquit dans cette province au château de la Frette, en 1513, et se fit remarquer par sa cruauté.

vernement de Louis XVIII, et au mois de juillet
1816 il put rentrer avec quelques religieux. Les
habitants des montagnes, avertis de leur retour,
se portèrent au-devant d'eux. « La population
entière des villages de Voreppe et de Saint-
Laurent, celle des campagnes voisines, celle des
vallons d'alentour, attirées par cet événement
inespéré, rassemblées comme en un jour de fête,
se pressèrent sur les pas des saints religieux et
manifestèrent leur joie par les plus vives acclama-
tions.

» Ceux qui, trente ans auparavant, avaient vu la
splendeur et la bienfaisance de cet ordre ; ceux
qui, nés depuis cette époque, ne le connaissaient
que par les récits de l'admiration et de la reconnaissance ; vieillards, femmes, enfants, chacun
accourut au-devant de ces hommes apostoliques
que la Providence ramenait au milieu d'eux....
C'est un jour de bonheur universel ; la charité
dans son acception évangélique, l'amour du pro-
chain, est le sentiment commun de tous ces cœurs
épanouis ; ils s'y livrent avec effusion, et quoique

le même zèle anime tous les âges, la disparité des forces donne à la marche une officieuse lenteur...

» En arrivant à la Croix-Verte, la fête devint encore plus solennelle. Les habitants du village de Saint-Pierre-des-Chartreux, ceux des contrées environnantes, venus de l'autre partie du désert, s'étaient avancés jusque-là pour attendre l'arrivée des solitaires. Dirigés par les maires et les curés de ces paroisses, leur marche était plus régulière, et la pompe en devint plus solennelle. Rangés en longues files et précédés de leurs bannières, ils faisaient retentir les monts du chant mélodieux des cantiques : les hymnes que l'Eglise réserve aux jours de ses réjouissances étaient répétées en chœur jusqu'aux derniers confins de ces forêts profondes dont les rochers répétaient les saintes harmonies. Enfin un détachement nombreux des employés des douanes vint prendre part à la joie publique, et par des décharges multipliées lui donna une explosion bien convenable à la majesté de cette immense scène....

« Remerciez le roi, » criait la foule nombreuse témoin de cet heureux événement. Ses discours, sa conduite étaient également inspirés par ce contentement intérieur qui répand tant de charmes sur les bonnes actions ; sa joie, quoique expansive, était calme et décente ; elle se communiquait par une émotion douce et paisible qui aurait ressemblé à l'enthousiasme si elle eût eu sa vivacité, et qui rentrait mieux dans l'esprit de ce beau jour. Jamais solennité si touchante n'avait embelli ces lieux sauvages, qu'elle consacrait de nouveau au silence et à la méditation. Ainsi, sous les auspices de la Croix, fut alors conclu le nouveau pacte qui lie désormais cet ordre vénérable à cette pieuse population. Puissent-ils, les uns et les autres, jouir de cette réciprocité de reconnaissance et de bienfaits, et transmettre à leurs successeurs les sentiments qui les animent en ce beau jour [1] ! »

Dom Romuald Moissonnier, alors vicaire général, fut élu supérieur général et mourut onze jours après.

[1] M. Dupré-Deleru, *Voyage à la Grande-Chartreuse*, 1822.

Instruits du rétablissement du monastère, plusieurs anciens chartreux vinrent grossir le nombre de ceux qui avaient repris possession. Une nouvelle communauté ne tarda pas à se former avec les débris de l'ancienne, et s'occupa de réparer les dévastations qu'avait faites la révolution. Aujourd'hui tout est rétabli dans le calme, et les bons pères ne songent plus qu'à une seule chose : la vie éternelle.

Voici la relation de la rentrée des Chartreux en 1816, par M. Berford, vicaire général du diocèse de Grenoble :

« Dom Moissonnier, ancien supérieur de la Chartreuse de la Part-Dieu, au canton de Fribourg en Suisse, alors supérieur général de l'ordre, arriva à Saint-Laurent-du-Pont le 8 juillet 1816 : il fut reçu par la population entière de cette vallée, harangué par le vicaire général, conduit à l'église ; et après diverses prières, les processions prirent, en chantant, le chemin de Fourvoisie, premier hospice à l'entrée du désert, où se trouvaient encore rassemblés un grand nombre de

9

personnes. Là il se fit une distribution d'aumônes,
et une partie en fut remise à M. le curé de Saint-
Laurent pour ses paroissiens.

» Après environ trois heures de repos, on se
mit en route pour la Grande-Chartreuse, distante
d'eviron deux lieues. Plusieurs ecclésiastiques et
autres personnes recommandables précédaient le
R. P. général, et passèrent avec lui la première
porte qui ouvre le désert. Ici, on parut dans un
monde nouveau : de côté et d'autre, de hautes
montagnes couvertes d'arbres séparés par un intervalle de dix ou quinze toises au plus, s'élevaient
jusqu'au ciel ; à leur pied coulait vers la gauche,
avec un épouvantablefracas, le Guer, tres-resserré
dans son cours par des blocs énormes de pierre
qu'il blanchissait d'écume ; à droite, un chemin
étroit, d'environ huit pieds, taillé par intervalle
dans le roc, soutenu quelquefois par des voûtes,
côtoie la montagne, comme suspendu au pied des
précipices, et s'élève sur la gauche du torrent.
Ce n'est plus cette belle route en pente douce,
autrefois ouverte et entretenue par les soins cou-

servateurs des solitaires ; aujourd'hui elle est sillonnée dans presque toute sa longueur par des ornières larges et profondes , formées par les pièces de bois que l'on y traîne depuis un grand nombre d'années. Ici , elle est obstruée par des fragments de rochers descendus des montagnes, et qui ferment le passage en beaucoup d'endroits ; là ce sont des dégradations irréparables , des ravins formés par les pluies, et qui ont entraîné dans le chemin des terres que des coupes de bois faites avec trop peu de discernement ont fait descendre du haut des montagnes où les arbres les retenaient. Maintenant , sur ces flancs stériles aucune végétation ne pourra croître ; et on ne peut prévoir la suite de ces dégradations. C'est cependant ce chemin de précipices qu'il faut parcourir.

» ...... Nous arrivons au fort de l'Œillet, bâti autrefois pour arrêter les incursions de Mandrin ; il n'en reste plus aujourd'hui qu'une masure et des ruines. Tout à coup nous apercevons dans le lointain une croix, des pénitents et une réunion considérable de personnes qui se reposaient en attendant le R. P. général.

» C'étaient les habitants des trois communes formant la paroisse de Saint-Pierre-des-Chartreux, qui, au nombre d'environ huit cents, étaient descendus de leur village, ayant à leur tête M. le curé, accompagné de MM. les maires et adjoints, qui étaient venus présenter au R. P. leurs respectueuses félicitations. Le détachement des employés aux douanes, en grand uniforme, était aussi descendu pour prendre part à la joie commune. Dès qu'ils aperçurent le R. P. général, le chef de cette troupe commanda le feu ; et aussitôt il se fit une décharge de mousqueterie, dont les échos prolongés firent retentir au loin les montagnes et les vallées profondes du désert.

» ...... A quelque distance du monastère, sortent tout à coup du désert trois Chartreux, en habit régulier, une croix de bois à la main : à leur recueillement vous les auriez pris pour trois compagnons de saint Bruno. Ils s'avancent vers le R. P. général, se prosternent humblement à ses pieds, et lui demandent sa bénédiction ; il la

donne avec une dignité mêlée de joie à ces nouveaux compagnons de sa chère solitude , et continue de marcher vers la grande porte d'entrée.
Là , toute la procession s'arrêta ; les ecclésiastiques
et un petit nombre de personnes entrèrent dans la
grande cour. Le R. P. général mit pied à terre ,
entra dans le petit cloître , et fut conduit au chant
du *Benedictus* dans son appartement , pour prendre
le repos dont il avait besoin.

» ...... Mais quel triste spectacle se présente
à l'œil observateur ! Presque partout dés vitraux
brisés , des portes enfoncées et sans serrures , des
cellules dévastées , des cloisons renversées : tout
offre l'image de la dévastation la plus complète.
Comment se fait-il que parmi tant de voyageurs
qui, depuis vingt-cinq ans, ont visité cette maison si pleine de grands souvenirs, l'aspect de ces
lieux n'ait inspiré à aucun ni une pensée ni une
sentence à laquelle l'esprit s'attache avec plaisir ?
Sur ces murs si respectables , des mains impies
et sacriléges ont tracé des dessins grotesques ou
des inscriptions qui annoncent toute la dépravation

des cœurs. Aucune cloche, aucune horloge ne se faisaient entendre ; je prêtais une oreille attentive, le ⅔ carillon ne chantait plus le *Salve Regina*. Mais les choses ne tarderont pas à changer de face, et bientôt les louanges de Dieu retentiront encore sous ces voûtes séculaires. »

CHAPITRE VIII

Des différentes maisons existant en France.

Le siècle passe, Dieu seul reste.

MONT - RIEUX

En 1117, un gentilhomme italien dont on ignore complètement le nom, se voyant gravement malade, se fit porter à la Sainte-Baume[1]. Quand il y fut arrivé, il fit vœu d'élever un

[1] La Sainte-Baume, du provençal *baoumo*, caverne au sommet d'une montagne du département du Var, à vingt-huit kilom. sud-ouest de Brignoles. C'est dans cette grotte que, suivant la tradition, sainte Madeleine passa ses trente dernières années. C'est aujourd'hui un pèlerinage célèbre.

monastère pour l'ordre des Chartreux dans le voisinage. Ce vœu était à peine prononcé, qu'il fut
guéri. Fidèle à son engagement, il vendit ses
biens et fit élever un couvent sur une montagne
appelée Mont-Rieux. Il y fit ensuite venir les Chartreux et y prit lui-même l'habit.

Ce n'est qu'en 1843 que l'ordre a pu racheter
cette maison, qu'il a fallu presque reconstruire avec
les dons d'âmes charitables. Elle est maintenant
en pleine prospérité, et est située dans le diocèse
de Fréjus, à quatre lieues de Toulon.

VALBONNE

En 1203, Guillaume de Vemian, évêque
d'Uzès, fit don aux Chartreux du monastère de
Valbonne, occupé d'abord par des religieuses soumises à la règle de Saint-Benoît. Située à deux
lieues de Pont–Saint–Esprit, dans le diocèse de
Nîmes, cette maison fut un hôpital de 1792 jusqu'en 1836, époque à laquelle elle redevint la
propriété des Chartreux. Le maire, M. Sibour,

frère du vénérable prélat sacrilégement assassiné le 3 janvier 1857, a montré un grand zèle pour le nouveau couvent, qui, en 1845, renfermait seize religieux de chœur ou pères, et six frères convers.

BOSSERVILLE

Le couvent de Bosserville, dans le diocèse de Nancy, fut d'abord la demeure d'un particulier. Confisquée sur celui-ci par Charles Ier, duc de Lorraine, elle fut érigée par ce duc, souverain en monastère de l'ordre des Chartreux en 1632, et terminée en 1720, sous Léopold, duc de Lorraine et de Bar, petit-fils de Charles Ier.

La révolution le dévasta; il allait disparaître sous les coups de la bande noire, lorsque des hommes généreux ouvrirent une souscription pour le racheter et le rendre aux Chartreux. Je veux citer les noms des premiers auteurs de ce dessein, car ils sont dignes de passer à la postérité; ce sont : M. de Dumast, de Nancy, et M. le baron du Haut, de Metz. En 1832, le couvent restauré put entendre les hymnes des pieux solitaires. L'église renferme un tombeau fort remarquable : celui du noble fondateur, de Charles Ier, duc de Lorraine.

Le couvent est situé dans le diocèse de Nancy, près de cette ville.

MOUGIRES

En 1823, M. Cannac, curé d'une des paroisses de Lodève, acheta, à deux lieues de Pézénas, dans le département de l'Hérault, un ancien couvent autrefois occupé par les Dominicains et l'offrit aux Chartreux. Mais ce ne fut que vingt ans plus tard, grâce aux libéralités d'une pieuse dame, que l'on put donner au couvent une forme régulière et construire un cloître qui ne fut terminé qu'en 1846.

A la Chartreuse de Mougires est annexée une église assez vaste et fort bien ornée, qui, depuis longtemps est un but de pèlerinage pour les populations environnantes. De temps en temps des paroisses entières viennent, le curé en tête, visiter cette église dédiée à Marie. Ils ont soin d'apporter avec eux les provisions suffisantes pour une partie de la journée. Le curé chante la grand'messe, puis vers midi on dîne sur la pelouse.

Une heure après on entonne vêpres, qui sont suivies du salut, et on s'en retourne. L'église est surmontée d'une tour élégante, sur le haut de laquelle on a placé un baldaquin formé de huit colonnes gothiques en fonte. Le baldaquin, de forme très-gracieuse et de plus de dix pieds de hauteur, est surmonté par un dôme sur lequel est placée une très-belle statue de cuivre doré, de près de deux mètres, qui représente Marie immaculée.

La Chartreuse de Mougires est placée dans un des plus beaux sites du Midi, où l'on voit pousser, au milieu de plaines fécondes l'olivier, l'amandier et le figuier.

CHAPITRE IX

Des religieuses chartreuses ou chartreusines.

Il y eut, dès les commencements de la fondation de l'ordre, des monastères où de pieuses filles s'astreignirent aux règles établies par saint Bruno et par le bienheureux Guignes ; mais on n'a pu recueillir rien de positivement authentique sur ces premières maisons. Le P. Hélyot, dans son grand ouvrage sur les ordres religieux, dit qu'il ne peut rien avancer de certain touchant la véritable origine des religieuses de cet ordre, « m'étant, ajoute-t-il, inutilement adressé aux disciples de saint Bruno qui observent un grand silence sur tout ce qui les regarde. »

Dans le dernier siècle, il y avait cinq monastères de filles de cet ordre :

Prémol, à deux lieues de Grenoble, fondé l'an 1234, par Béatrice de Monferrat, épouse du dauphin André.

Melan, dans le Faucigny en Savoie, diocèse de Genève, établi en 1288.

Salette, sur les bords du Rhône, dans l'ancienne baronnie de la Tour. Ce monastère fut fondé par le dauphin Humbert Ier. Sa pieuse épouse Anne voulut aussi y contribuer largement, ainsi que Jean son fils. Cette fondation se fit en l'an 1299. Marie, fille du dauphin, y embrassa la vie religieuse et fut élue prieure du monastère.

Gosnay, au diocèse d'Arras, en 1308, par l'évêque Thierri Hérisson. Ce monastère fut appelé *le Mont de la Vierge Marie.* Philippe comte de Flandre et Elisabeth y eurent leur sépulture. Le même évêque, secondé par les largesses de la comtesse Mahaut, avait fondé, non loin de là et peu de temps auparavant, un monastère de Chartreux, qui fut appelé *la Vallée du Saint-Esprit lez - Béthune.* Un hôpital avait été construit par les mêmes soins et servait d'asile aux pauvres de la contrée.

Bruges. Le monastère fut bâti en 1362, par les libéralités d'un gentilhomme flamand nommé Bertrand de Vos; il prit le nom de *Maison de Sainte-Anne.* Dès l'an 1318, un monastère de Chartreux avait été fondé dans la même ville, hors la porte de Sainte-Croix, et il portait le nom du *Val-de-Grâce.*

Le monastère de Beauregard, à une lieue de Voiron et à cinq lieues de la Grande-Chartreuse, est la seule maison de Chartreusines que possède aujourd'hui l'ordre. Les religieuses qui l'habitent sont dirigées par deux pères chartreux, dont l'un est chargé du spirituel, et l'autre du temporel, conjointement avec la mère prieure.

Les Chartreusines sont soumises aux mêmes règles que les Chartreux, sauf quelques modifications qu'exige leur sexe : elles mangent ensemble et ont deux fois par jour une récréation prise en commun. Comme les Chartreux, elles chantent l'office de la nuit, s'abstiennent de tout aliment gras et observent les mêmes jeûnes.

Avant le Concile de Trente, le nombre des religieuses était fixé dans chaque maison ; elles ne prenaient point de dot et ne recevaient de sujets qu'autant que le monastère pouvait en entretenir. Ces diverses dispositions ont été modifiées depuis.

Ces religieuses ont encore la consécration des vierges. Lorsqu'une novice va faire ses vœux, elle porte une couronne, ainsi que l'étole, et le manipule au bras droit ; puis l'évêque lui met au doigt l'anneau mystérieux, emblème de son alliance avec Jésus-Christ. C'est le seul ordre de France où cet usage, conforme aux anciens pontificaux, se soit conservé ; elles revêtent les mêmes ornements, dans le cas bien rare d'un jubilé de cinquante ans de religion, et on les ensevelit avec le costume de leur consécration.

Le costume ordinaire de ces religieuses consiste en une robe de drap blanc, liée d'une ceinture pareille à celle des religieux ; elles portent aussi le scapulaire et le manteau blanc, les voiles et les guimpes, comme les autres religieuses. Elles ne parlent jamais aux personnes séculières, si proches parentes qu'elles puissent être, que le voile baissé, et accompagnées de la prieure ou d'une ou deux de leurs consœurs.

CHAPITRE X

Des maisons hors de France.

L'ordre des Chartreux possède encore plusieurs maisons hors de France, qui sont au nombre de dix.

Il y en a deux en Suisse : la Part-Dieu, fondée en 307 auprès de Fribourg ; Stingen, qui, placée sous la dépendance d'un gouvernement protestant, ne tardera pas à s'éteindre, si toutefois elle existe encore.

On en compte sept en Italie.

Le monastère de Notre-Dame de l'Annonciation, en Piémont, fondé en 1644, par Christine de Bourbon, fille de Henri IV, roi de

10

France , et veuve de Victor-Amédée , duc de
Savoie.

La Chartreuse de Pavie , fort remarquable par
son architecture , fut fondée par Jean Galeazzo
Visconti , duc de Milan , qui en fit commencer la
construction en 1396. Ce monastère n'a pas son
pareil. La cour est entourée d'un portique ou
galerie d'un mille de circuit ; cette galerie est
soutenue par un nombre considérable de colonnes
et recouverte en plomb. Les cellules des Chartreux
sont placées tout autour, et elles sont aussi toutes
couvertes en plomb.

L'église est de la plus grande magnificence.
Plusieurs rangées de colonnes règnent au dedans
et au dehors. Le portail est tout entier de marbre
blanc et enrichi d'admirables statues. L'intérieur
de l'église est du style gothique ; l'opulence et
le goût ne le cèdent en rien à ce qu'on peut
trouver de plus riche et de plus fini. On y voit
un superbe tableau de la Vierge du Guerchin et
un Couronnement d'épines de Passignano. Les
peintures de la chapelle de Saint-Michel sont du

Pérugin. Le chœur surpasse en beauté et en travai
tout ce qu'on peut imaginer de plus parfait. Le
maître-autel est orné de sculptures d'une délicatesse et d'une magnificence. dont on se fait diffi-
cilement une idée. Le tabernacle est couvert de
pierres précieuses, d'agathes, d'onix, d'albâtre.
Le pavé, en marbre précieux est à lui seul une
merveille, et les marbres les plus recherchés
servent de revêtement à toutes les murailles.

François Ier, amené prisonnier dans ce monastère après sa défaite de Pavie, se fit conduire à
l'église pour y faire sa prière ; et la première chose
qui se présenta à ses yeux fut cette inscription,
tirée d'un psaume : *Bonum mihi quia humiliasti
me, ut discam justificationes tuas :* Il m'a été bon
que vous m'ayez humilié, pour que j'apprisse à
garder vos commandements. — Et il comprit sans
doute tout le sens de cette leçon muette.

La maison de Pise fut fondée en 1367 par
Pierre de Mirante, et elle revendique l'honneur
d'avoir possédé comme prieur le bienheureux Jean
Upazzinghi.

Le monastère de Florence, situé à une lieue de la ville, sur la route de Sienne, fut bâti en 1341 par Nicolas Acciajuoli, grand sénéchal de Sicile et de Jérusalem. L'intérieur fut peint par Genelli, peintre alors fort célèbre.

La maison de Rome fut donnée aux Chartreux, en 1370, par le pape Urbain V [1]. Elle est construite au milieu des ruines des *Thermes*, sur les dessins de Michel-Ange. Le cloître est fort beau, et il ressemble à ceux de nos Chartreuses de France, à l'exception que des colonnes règnent tout autour, au lieu d'arcades. Au milieu est le cimetière que les Chartreux placent toujours dans le jardin. Les cellules sont fort agréables; elles ont toutes un petit parterre, planté d'orangers et de citronniers, et une fontaine qui coule sans cesse. De tous les religieux qui sont à Rome,

---

[1] Urbain V (Guillaume de Grimoald), né à Grisac, dans le Gévaudan, diocèse de Mende, fut bénédictin et abbé de Saint-Germain d'Auxerre, puis de Saint-Victor de Marseille. Après la mort d'Innocent VI, il fut élu pape le 27 octobre 1362, et transféra le saint-siége d'Avignon à Rome en 1367.

les Chartreux sont les seuls qui ne sortent jamais de leur couvent. La sacristie, qui est près du chœur particulier des religieux, est très-riche en reliques, parmi lesquelles on distingue le corps de saint Prosper et celui de sa mère sainte Aurélie, tous deux martyrs. L'église de *Sainte-Marie-des-Anges* est desservie par les Chartreux. Pie IV, voulant élever un temple sous l'invocation de la Reine-des-Anges, chargea Michel-Ange de lui trouver un emplacement. Cet homme extraordinaire, se promenant un jour au milieu des ruines des *Thermes* (il avait alors quatre-vingt-six ans), trouva encore debout, à leur place, huit colonnes énormes de granit, sur lesquelles venaient s'appuyer de grands arcs à plein cintre, puis des murs d'une hauteur prodigieuse soutenant une voûte immense.

L'homme de génie traça aussitôt son plan et son dessin, et il donna à Rome une de ses merveilles. Malheureusement son œuvre a été déformée en 1749 par l'architecte Vanvitelli.

On est frappé, en entrant dans cette église, à

la vue de la statue en marbre de saint Bruno, due au ciseau de Houdon de Paris. Cette statue est debout; elle paraît vivante et sortant de la niche où elle est placée. Un pape disait à ce sujet : « Cette statue de saint Bruno nous adresserait la parole si la règle des Chartreux ne faisait une loi du silence. » On remarque, dans cette église, au milieu de peintures magnifiques, un saint Sébastien, chef-d'œuvre du Dominiquin [1].

La maison de Trisulti, au mont Perio près de Rome, fut érigée en Chartreuse, en 1211, par Innocent III, sous le nom de Saint-Maur.

Celle de Naples, placée dans la ville même, au sommet du *Sant-Elmo*, fut fondée au xiiie siècle par les soins de Robert duc de Calabre.

A propos de la Chartreuse de *Sant-Elmo*, nous ne pouvons résister au désir de placer ici les im-

---

[1] Le Dominiquin (Dominico Zampieri, dit), peintre bolonais, naquit en 1581. Elève des Carrache, il travailla beaucoup, et ses rivaux disaient de lui que ses ouvrages étaient comme labourés à la charrue. Ses envieux le rendirent fort malheureux et l'empêchèrent souvent de terminer son travail, afin qu'il ne répondît point à ce qu'on attendait de son génie.

pressions d'un de nos plus chers amis, qui a été
la visiter, il y a peu d'années, et qui s'exprime
en ces termes :

« Le *Sant-Elmo* est assis sur une hauteur, la
plus considérable de tout Naples. C'est une forteresse que les rois angevins ont jetée comme un
frein pour contenir la fougue de leur peuple. Il
partage avec deux autres châteaux, *il castel Nuovo*
et *il castel del Ovo*, l'honneur de dominer la
ville, dans l'intérêt de sa défense et du bon ordre.
A la forteresse est adossé un monastère que les
fils de saint Bruno occupent depuis le xiiie siècle.
Le bon roi Robert n'était point de ces princes qui
mettent exclusivement leur confiance dans la force
des armes et dans l'épaisseur des murs. Près de la
maison des combats il voulut avoir la maison de
prière; grâce à sa libéralité, la Chartreuse de
Saint-Martin s'ouvrit aux anges du désert, qu'il
appela de Squillace.

La montée du *Sant-Elmo* est une immense
étagère, parée de maisons coquettes et de fleurs
odorantes; on respire plus à l'aise à mesure qu'on

gravit le coteau séducteur. Le château qui est
au sommet, taillé en partie dans le roc, procure
à l'âme rêveuse, par sa sévère simplicité, la jouis-
sance raffinée du contraste. L'extérieur de la Chartreuse participe à la physionomie de la citadelle.
L'une et l'autre portent leur date écrite en ogives
et en créneaux, par la main du moyen âge. Il
faut traverser la cour du château pour arriver
au monastère. Elle était gardée, à notre passage,
par un régiment suisse. Les deux milices du ciel
et de ce monde bivouaquent sur la même hauteur.
Elles sont partout et toujours bien ensemble.

Un jeune homme avec qui nous avions fait
route, nous avait parlé avec enthousiasme du
couvent que nous allions visiter. Il nous avait
annoncé que nous y trouverions un père français,
le P. Remy, et que nous aurions été charmés de
faire sa connaissance. D'après cette double assu-
rance, nous frappâmes à la porte et nous demandâmes le bon religieux. Tandis qu'on le cher-
chait, on nous laissa dans un splendide vestibule,
terminé par un large balcon. De là s'offrait à nos

regards le grandiose panorama que nous venions chercher.

Naples était tout entière à nos pieds. Maîtres de nos personnes et de nos sensations, absorbés par l'étendue et la profondeur du coup d'œil, nous jouissions de la belle et grande ville, non plus pièce à pièce comme tout à l'heure, non plus sous un aspect comme à l'entrée du port, mais dans son immensité triomphale. Nous nous attachions aux grandes lignes de sa structure, nous contemplions les monuments, jalons de son vaste champ. Nous comptions ses clochers et ses bosquets, ses aiguilles et ses fleurs. A cent pieds au-dessous du balcon, les jardins de la Chartreuse étalaient leurs tapis jaunes et verts. La brise en détachait les senteurs et nous les apportait, comme une abeille dépose les parfums à l'entrée de sa ruche. Au delà de la muraille de clôture, le port nous montrait ses vaisseaux; la ville, ses dômes et ses monts. Dans les bas-fonds, la verdure serpente et court entre le marbre et la brique, comme une lierre parasite; elle assainit et perce

11

le bloc des vieux quartiers. A droite, Chiaja promène le regard du Pausilippe à la *villa reale*.
La mer, steppe d'azur, que n'effleure aucun
vent, soulève du sein de son golfe le *castel del
Ovo*. La tour *del Carmine*, sévère et isolée, rappelle le pêcheur-roi. Du côté opposé, c'est tout
un autre monde : Portici et sa résidence royale,
Résina et le Vésuve, le *Campo-Santo* et ses tertres.
Enfin, dans l'enfoncement le plus reculé de l'horizon, Capri, couchée comme une chèvre sur son
lit flottant, semble bondir encoré ; Campanella
baigne ses pieds dans l'eau, Saint-Angelo hérisse
son front labouré par la foudre, la rude crinière
de l'Apennin ferme le tableau par un cordon de
glace.

Qui n'a point vu tout cela, n'a point assez
admiré Dieu. Il suffit de monter au *Sant-Elmo*
pour apprendre à l'aimer, pour deviner le ciel,
pour apprécier la terre. Quand on a vu cela, on
peut oublier le monde, le monde est épuisé. Il
en faut un meilleur. Admirable économie des
instituts religieux, qui font leur nid partout où

la nature est éloquente ; les plus beaux sites leur
appartiennent. Dans les pays du Nord, il leur faut
les rochers de Bretagne et d'Erin ; dans le Sud,
il leur faut le *Sant-Elmo ;* partout ils prennent
les hauts lieux, comme faisaient les sacrificateurs
antiques pour immoler la victime.

Cette harmonie est dans l'ordre. L'amour in-
voque le beau, le beau se doit à l'amour. De leur
union s'exhale la contemplation qui aboutit à la
prière. Ainsi la meilleure portion du globe revient
de droit à la meilleure portion de l'humanité, qui
peut seule en jouir et l'exploiter. Le vice est mal
à l'aise dans les hauts lieux. Il est trop près du
Ciel. Il a peur, il s'ennuie, il en descend bien
vite.

L'arrivée du P. Remy mit fin à nos méditations
contemplatives.

C'est un homme d'un âge mur, qui, à beaucoup de science et de vertus, joint la science du
monde, la plus difficile de toutes. Il nous accueillit
avec la plus grande bonté, en nous exprimant
combien il était heureux de voir des compatriotes.

Il nous fit immédiatement une foule de questions sur notre chère France. « Quoique étranger, nous dit-il, à tout ce qui se passe dans le monde, à ses troubles, à ses révolutions, cependant je ne puis m'empêcher de porter le plus vif intérêt à ma patrie, pour qui je demande tous les jours son retour aux principes qui doivent assurer son bonheur et sa tranquillité. »

Quand ce sujet fut épuisé, se souvenant de l'espèce d'extase dans laquelle il nous avait surpris, « Vous venez, nous dit-il, de prodiguer votre admiration à la nature qui est l'œuvre de Dieu ; je ne sais s'il vous en restera pour notre humble maison qui est l'œuvre des hommes. » Les portes intérieures du couvent s'ouvrirent devant nous. La scène changea. Nous nous trouvâmes dans la cour, vaste carré s'enfermant en un système de soixante colonnes doriques, ouvrage de Cosimo Fanzaga. Les arcs, les corniches, les balustrades du couronnement, tout est en marbre blanc. De la cour nous passâmes dans l'église, point central où converge le luxe semi-oriental

de la maison des Pères. Toutes les richesses de
la communauté accumulées depuis la fondation
ont été absorbées pour l'embellissement du lieu
saint, vers le milieu du xviie siècle, sous le prieuré
de Severo Turboli. Pouvait-on mieux faire et en
meilleur temps?

Rien ne fut épargné; les marbres les plus précieux s'animèrent sous le ciseau des premiers
sculpteurs, et les voûtes du temple sous le pinceau
des premiers peintres. On donna pour toile à
Giovanni Lanfranco, les cintres de la nef, qui
se couvrirent de fresques à grand effet. Les douze
compartiments de chapelles latérales reçurent les
douze prophètes mineurs de la main de Ribeira
dit *l'Espagnolet* [1]. Au-dessus du portail, Moïse et
Elie sont deux belles productions signées de lui,

---

[1] Ce peintre, né en Espagne en 1588, mourut en 1656, après
avoir été une des plus grandes célébrités de son temps. Son
apparence chétive lui valut le surnom de *lo Espagnoletto*. Il
épousa à Naples la fille d'un riche marchand de tableaux, et
devint fort riche. Plus tard il fut nommé peintre de la cour de
Naples avec une pension de soixante doublons par mois. — *Vita
di Ribeira*.

mais qu'on a toujours attribuées à Giordano. Entre
les deux prophètes se voit un monument de ces
basses jalousies d'artistes, c'est le tableau mutilé
de Massimo Stanzioni, admirable Descente de croix,
qui empêchait Ribeira de dormir. L'envie est
mauvaise conseillère. Ribeira persuada aux moines
de nettoyer le chef-d'œuvre de son rival avec une
eau qu'il leur apprêta. Les substances corrosives
que cette eau renfermait mirent la toile dans l'état
où on la voit aujourd'hui. Stanzioni refusa constamment d'y remettre la main, rendant la postérité
solidaire de la haine d'un collègue.

Deux panneaux du chœur contiennent, l'un
l'Adoration des bergers de Guido Reni [1], l'autre
Notre-Seigneur communiant les apôtres, deux
pages d'un grand mérite. Le pavé de la nef est
entièrement incrusté de marbres rares. Une balus-
trade du plus beau blanc de Carrare, magnifique-

---

[1] Guido Reni, né à Bologne en 1575, était fils d'un joueur de
flûte ; il apprit le dessin chez Denys Calvart, peintre flamand ;
puis il travailla avec les Carrache. Sa facilité était extraordinaire ;
mais son désordre le jeta dans la plus profonde misère.

ment ouvragée, ferme l'entrée du chœur. Pour prendre une idée des sommes énormes consacrées à cette construction merveilleuse, il faut savoir que douze roses de basalte d'Egypte sculptées par Cosimo di Carrara, et appliquées aux piliers, coûtèrent à elles seules environ cinquante mille francs, que plus loin est un autel en pierres fines évalué deux cent mille francs. Dans les chapelles, le *broccatello*, le vert de Calabre, le jaspe de Sicile, le rouge antique, l'agathe, l'améthiste, le lapislazuli, etc., marient avec la plus opulente élégance leurs nuances délicates.

Nous vîmes au plafond de la sacristie des fresques du chevalier d'Arpino, qui apprit seul la peinture en servant les peintres qui travaillaient au Vatican. Il est connu sous le nom de Josepin. Autour des murs sont disposées des armoires de noyer couvertes de marquetèries en canne d'Inde, représentant des scènes de l'Ancien Testament et des paysages. L'auteur de ce travail est inconnu. Quelques-uns, peut-être à cause de la patience qu'il a demandée, l'attribuent à un Flamand.

L'ancien trésor de l'église a échangé ses richesses contre le tableau de Ribeira, connu sous le nom de *la Pietà*. Ce tableau frappe vivement par la variété caractéristique et par la vigueur des attitudes. La mort dans le divin Sauveur, la piété douloureuse en saint Jean, la contrition chez Madeleine, l'angoisse maternelle chez Marie, l'immobilité de l'attente chez Joseph d'Arimathie, sont accusées avec une énergie profonde et vraie.

A la voûte de cette salle, Luca Giordano a laissé un monument de son incroyable célérité et de la puissance de son imagination. Il y a représenté divers faits de l'Ecriture sainte, et au centre le triomphe de Judith suivie d'un cortége très-nombreux, ouvrage qu'il exécuta, assure-t-on, en quarante-huit heures de temps, à l'âge de soixante-douze ans.

De la nef au sanctuaire, de la sacristie au trésor, nous avions marché d'enchantements en enchantements.

Le père Remy nous ramena dans sa cellule. Un lit de sangle, une pauvre table, quelques livres,

une tête de mort et un crucifix forment l'ameublement. Quel contraste ! Tout pour Dieu, rien pour
l'homme ; c'est la règle des Chartreux. L'homme
a ce qu'il avait au temps de saint Bruno : cilice,
robe de bure, cellule et racines. Le couvent est un
palais, mais le palais n'est à personne. Le moine
y passe, comme le pauvre et comme nous. Il y
passe sans y attacher son cœur.

La fenêtre du père Remy nous rendit à notre
première vision. Tout Naples dort à ses pieds.
Avec sa conscience et son morceau de perspective,
il se trouve assez riche. Sa place est belle en ce
bas monde. Suspendu pour ainsi dire entre le ciel
et la terre, il a trouvé cette paix inaltérable dont
parle Dante, « délicieuse nourriture de l'âme lorsqu'elle a renoncé aux vanités de la vie. »

A côté de lui, nous goûtions mieux encore les
délices qui montaient de Naples jusqu'à nous.

« Un de nos hommes politiques, mêlé à toutes
nos révolutions, nous raconta le père dans la
conversation, fit l'année dernière un pas hors du
camp irréligieux pour nous venir voir. Je ne pus

m'empêcher de lui marquer ma surprise de me
trouver si près de lui. « Je suis plus sympathique
qu'on ne pense à l'habit religieux que vous portez ,
me dit-il en souriant. J'ai beaucoup vu les palais
des rois de ce monde. Trois dynasties ont expiré
à mes pieds. Le siècle passe , Dieu seul reste. C'est
pourquoi l'on est bien sous votre toit.... »

Enfin , la plus grande de toutes , appelée *la
Padule* , est située près de la ville de ce nom dans
le royaume de Naples, et compte vingt-six cellules.

La Savoie possède aussi une Chartreuse dans le
diocèse d'Annecy. Le couvent , appelé le Reposoir,
fut fondé en 1151 , et, rendu à ses premiers pos-
sesseurs en 1845. Ses seules richesses sont les
reliques du bienheureux Jean son premier prieur,
ainsi que les deux actes de translation dressés par
Auguste de Sales , évêque de Genève et neveu de
saint François de Sales.

CHAPITRE XI

{

Conclusion.

Voilà l'ordre des Chartreux ; voilà les maisons qu'ils possèdent : maisons où ont vécu depuis plusieurs siècles un grand nombre de cénobites. Un auteur chrétien a dit : « Il est digne de remarque, sans doute, que de toutes les règles monastiques, les plus rigides ont toujours été les mieux observées. Les Chartreux ont donné au monde l'unique exemple d'une congrégation qui a existé sept cents ans sans avoir besoin de réforme. Ce qui prouve que plus le législateur combat les penchants naturels, plus il assure la durée de son ouvrage ; ceux au contraire qui prétendent élever des sociétés en employant les passions comme matériaux de l'édifice , ressemblent à ces architectes qui bâtissent des palais avec cette sorte de pierre qui se fend à l'impression de l'air. »

Aussi on a dit de la Chartreuse :

Cartusia nunquàm deformata , quia nunquàm reformata.

Et la devise de l'ordre ne ment point en disant :

Stat crux dùm volvitur orbis [1].

Avant la révolution l'ordre des Chartreux possédait en tout cent vingt-huit maisons. Il y en avait soixante-sept en France , dont les principales étaient :

La Grande-Chartreuse (1084), fondée par saint Bruno. — Valbonne (1203), fondée par Guillaume de Vanniers. — Saint-Omer (1300), Jean de Sainte-Aldegonde. — Nantes (1446), François Ier. — Nancy (1612), Charles IV de Lorraine. — Aisne (1653), Jean-André Ainard.

La Savoie en avait cinq , entre autres le Reposoir.

Châteaubriand, *Génie du christianisme.*

Le Piémont en possédait quatre, parmi lesquelles Turin.

A Gênes il y en avait trois.

En Toscane on en comptait trois.

Le royaume de Naples en a eu cinq.

Quatre existaient dans les Etats du Pape.

Venise n'en eut que deux.

Dix Chartreuses, parmi lesquelles Cologne et Trèves, étaient en Allemagne.

La Pologne en eut trois, les Pays-Bas deux, la Suisse deux, et enfin l'Espagne dix-huit.

FIN.

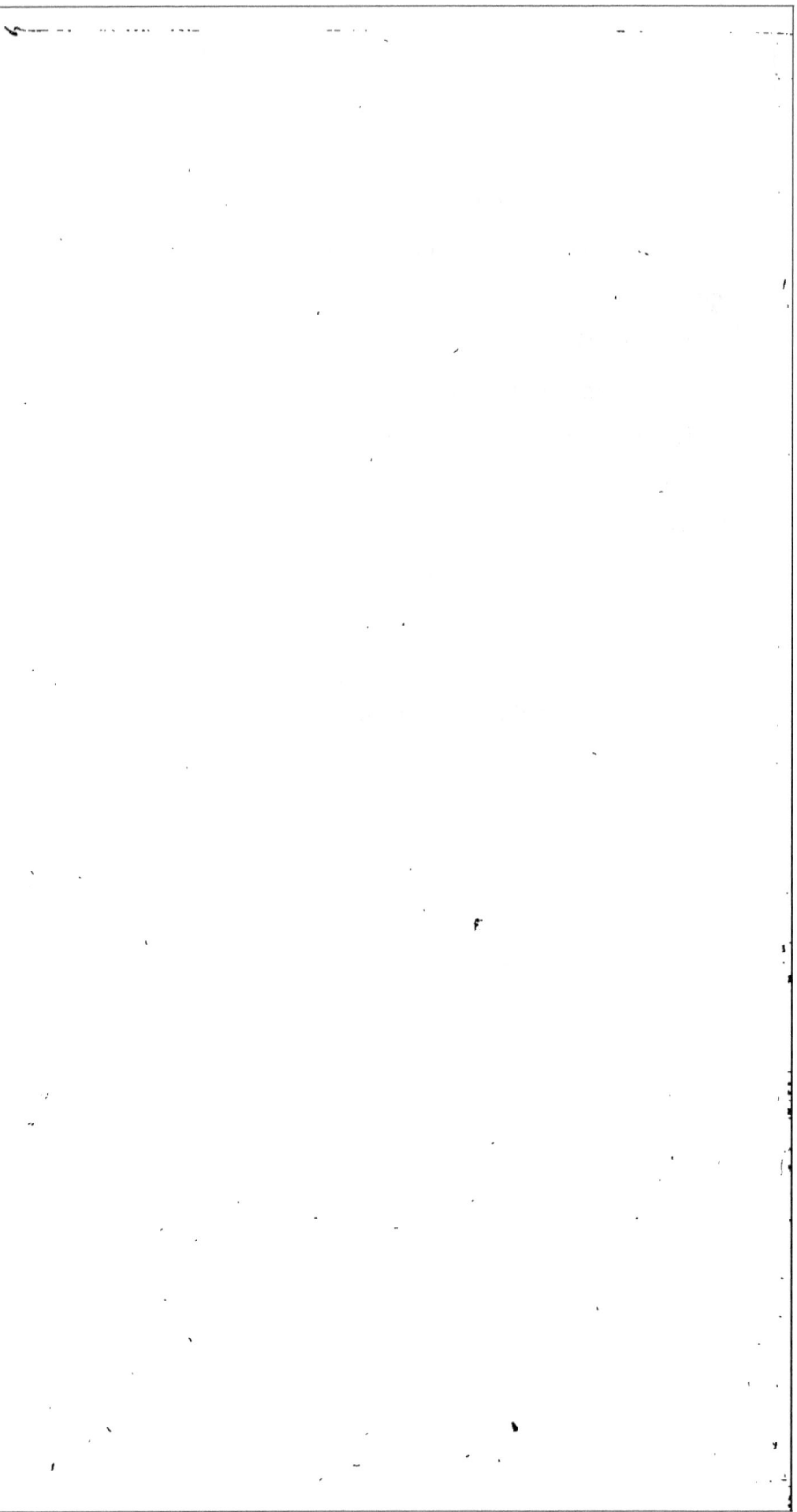

TABLE

— LILLE. TYP. L. LEFORT. 1861. —

A LA MÊME LIBRAIRIE :

VOLUMES IN-12.

1ʳᵉ SÉRIE

12

HISTOIRE de Godefroi de Bouillon. 5e édition.

HISTOIRE de Henri IV, roi de France et de Navarre. 2e édition.

HISTOIRE de la Révol. française, à l'usage de la jeunesse. 4e éd.

HISTOIRE de Louis XII, surnommé le Père du peuple. 3e édit.

HISTOIRE de Louis XIV, à l'usage de la jeunesse. 4 e édition.

HISTOIRE de Marie-Antoinette, et Précis sur Mme Elisabeth. 5e éd.

HISTOIRE de Napoléon, par l'aut. de l'*Hist. de Vauban.* 4e édit.

HISTOIRE de Philippe Auguste, roi de France. 3 e édition.

HISTOIRE de Russie. 3 e édition.

HISTOIRE de saint François d'Assise, par M. l'abbé Petit. 4e éd.

HISTOIRE de sainte Monique, par le même. 4 e édition.

HISTOIRE de saint Louis, roi de France. 3 e édition.

HISTOIRE d'Espagne. 3 e édition.

HISTOIRE des solitaires d'Orient. 4 e édition.

HISTOIRE de Stanislas, roi de Pologne. 4 e édition.

HISTOIRE de Vauban, par l'aut. de l'*Hist. de Napoléon.* 3e édit.

HISTOIRE du Bas-Empire, par Ant. Caillot. 2 vol. 3 e édition.

HISTOIRE du brave Crillon. 3 e. édition.

HISTOIRE du grand Condé. 3 e édition.

HISTOIRE du moyen âge, par F. G. 2 e édition.

HISTOIRE du pontificat de Pie VI. 4 e édition.

HISTOIRE du pontificat de Pie VII. 4 e édition.

JÉRUSALEM; histoire de cette ville célèbre. 4 e édition.

JULES, ou la Vertu dans l'indigence, par Mme C. Farrenc. 3e édit

JULIEN DURAND; nouvelle imitée de l'anglais. 3 e édition.

LANCELLE ET ANATOLE, ou les Soirées artésiennes. 4e édit.

LORENZO, ou l'Empire de la religion. G. T. D. 17e édition.

MANUSCRIT (le) BLEU, par L. B. D. C. 3e édition.

MISSIONS d'Amérique, d'Océanie, d'Afrique, par de Montrond. 2e éd.

MISSIONS du Levant, de l'Asie et de la Chine, par le même. 2e éd.

NAUFRAGE (le), ou l'Ile déserte, suivi d'*Arthur Daucourt.* 8e éd.

NOUVEAU THÉATRE des maisons d'éducation, pour les j. gens.

NOUVEAU THÉATRE des maisons d'éducation (j. personnes). 3e éd.

PETIT (le) SAVOYARD, suivi du *Pauvre Orphelin,* etc. 5e édit.

RÉNÉ, ou De la véritable source du bonheur. 5e édition.

RETOUR A LA FOI; traduit de l'espagnol. 3e édition.

ROSARIO ; histoire espagnole, par l'auteur de *Lorenzo*. 12e édit.

SAINT-PIERRE de Rome et le Vatican , par de Ravensberg. 3e éd.

SÉRAPHINE , ou le Catholicisme dans l'Amérique septentrion. 6e éd.

SOLITAIRES (les) D'ISOLA-DOMA, par l'auteur de *Lorenzo*. 10e éd.

SOUVENIRS D'ANGLETERRE; considérat. sur l'Eglise anglic. 3e éd.

THÉATRE DES JEUNES FILLES, par Mme Césarie Farrenc. 4e éd.

TRAITS ÉDIFIANTS , recueillis de l'histoire ecclésiastique. 4e éd.

TRIOMPHE (le) DE LA PIÉTÉ FILIALE. 5e édition.

VIE de Brydayne, missionnaire , par l'abbé Carron. 2e édition.

VIE de Marie Leczinska, reine de France, par l'abbé Proyart. 2e éd.

VIE de sainte Thérèse, suivie de la Paraphrase sur le *Pater*. 4e édit.

VIE pratique de saint Alphonse de Liguori, par l'abbé Gillet. 3e éd.

VIE pratique de saint Louis de Gonzague , par le même. 4e édit.

VISNELDA , ou le Christianisme dans les Gaules, par ***. 4e édit.

VOYAGE à Hippone au commencement du 5e siècle. 5e édition.

VOYAGE sur la mer du monde, orné d'une carte allégorique. 7e éd.

VOYAGES aux Montagnes rocheuses, par le P. de Smet. 4e édition.

YOULOFI (les); hist. d'un prêtre et d'un militaire en Afrique. 4e éd.

2ᵉ SÉRIE

AFRIQUE (l'). 2ᵉ édition.

AMÉRIQUE (l'). 3ᵉ édition.

AMITIÉ, ou Fortune , Intelligence et Force. 3ᵉ édition.

ARCHITECTES les plus célèbres. 2ᵉ édition.

ARTISANS les plus célèbres, par Maxime de Montrond. 2e éd.

ASIE (l'). 3ᵉ édition.

BON (le) CURÉ, par d'Exauvillez. 11ᵉ éd. retouchée par l'auteur.

BON (le) PAYSAN , par d'Exauvillez. 9ᵉ édition.

CAPITAINE (le) LOPEZ. 2e édition.

CÉCILE, suivie du *Talisman*, par l'aut. des *Récits historiques*. 2e éd.

CINQ ANS DE CAPTIVITÉ A CABRERA. 2e édition.

COURONNE (la) DES VIERGES. 2e édition.

DÉCOUVERTES les plus célèbres et les plus utiles. 5e édition.

DÉVOUEMENT catholique pendant le choléra, par Guérin. 3ᵉ éd.

ÉCOLE (l') des jeunes demoiselles, d'après l'abbé Reyre. 2e édit.

ÉCOLE des mœurs de la jeunesse. 2e édition.

FRANCE (la) chrétienne, par Maxime de Montrond. 5ᵉ édition.

FRÈRES (les) d'armes; chronique militaire du moyen âge. 3ᵉ éd.

GUERRIERS les plus célèbres dep. Ch.-Martel jusqu'à nos j. 4ᵉ éd.

HÉLÈNE, ou la Jeune Institutrice. 4ᵉ édition.

HISTOIRE de Christophe Colomb, par Max. de Montrond. 4ᵉ éd.

HISTOIRE de N.-S. J.-C., par M. l'abbé Petit. *approuvée.* 3ᵉ édit.

HISTOIRE de Pierre d'Aubusson, grand maître de Rhodes. 4ᵉ éd.

HISTOIRE de Théodose le Grand, par M. B. 3ᵉ édition.

HISTOIRE de Turenne. 5ᵉ édition.

HISTOIRE du cardinal de Bérulle, par M. l'abbé Petit. 3ᵉ édit.

HISTOIRE du chevalier Bayard, par Guyard de Berville. 4ᵉ édit.

HISTOIRES édifiantes et curieuses, par Baudrand. 2ᵉ édition.

HOMMES D'ÉTAT les plus célèbres de la France. 3ᵉ édition.

JOSEPH, ou le Vertueux Ouvrier, par M. l'abbé Petit. 5ᵉ édition.

MAGISTRATS les plus célèbres de la France. 2ᵉ édition.

MARIE, ou la Vertueuse Ouvrière, par M. l'abbé Petit. 7ᵉ édit.

MARINS les plus célèbres, par Maxime de Montrond. 5ᵉ édition.

MÉDECINS les plus célèbres. 2ᵉ édition.

MODÈLES de perfection chrétienne. 6ᵉ édition.

NAUFRAGES les plus célèbres. 3ᵉ édition.

NOUVELLE MORALE en action. 5ᵉ édition.

OCÉANIE (l'). 3ᵉ édition.

ORPHELINS (les), ou Deux Adoptions. 4ᵉ édition.

PEINTRES les plus célèbres 2ᵉ édition.

PENSÉES DU DOCTEUR LECREPS. 2ᵉ édition.

PIEUSE (la) PÈLERINE; chronique des croisades. 3ᵉ édition.

ROBINSON (le) du jeune âge. 3ᵉ édition.

ROSIÈRE (la), par Mᵐᵉ H. de G. Nelly. 2ᵉ édition.

SAINT NORBERT, archevêque de Magdebourg. 2ᵉ édition.

SENTIMENTS DU DOCTEUR LECREPS. 2ᵉ édition.

SOLDATS (les) SANCTIFIÉS; étude histor. par Marchal. 2ᵉ édit.

TRAVAIL ET PROVIDENCE. 2ᵉ édition.

TROIS (les) COUSINS, par d'Exauvillez. 3ᵉ édition.

UNE HISTOIRE CONTEMPORAINE, par Marie Emery. 3° édit.

VALENTINE , ou l'Ascendant de la vertu. 4° édition.

VIE de M. de la Motte, évêque d'Amiens, par l'abbé Proyart. 2e éd.

VIES des SS. Bernard, Dominique, Bruno et Benoit. 2e édition.

3· SÉRIE

ADRIEN ET ÉMILE, par l'aut. du *Château de Bois-le-Brun*. 2e éd.

APOTRE (l') DE L'IRLANDE; histoire de saint Patrice. 2e éd.

ANGÈLE DE LA CLORIVIÈRE ; par M. l'abbé Petit.

ARSÈNE .SALLANDRE ; par M. l'abbé Vincent.

BIENFAITEURS (les) DE L'HUMANITÉ. 2e édition.

BIOGRAPHIE DE MOZART.

BLANCHE DE CASTILLE, mère de saint Louis. 2e édition.

BON (le) ANGE DES CAMPAGNES. 4e édition.

CAPITAINE (le) PRUVOST.

CHARLEMAGNE; sa vie et son influence sur son siècle. 2e édit.

CHARLES DE BLOIS, par l'auteur de *Silvio Pellico*. 2e édition.

CHARLES ET FÉLIX , ou les Deux Ateliers. 4e édition.

CHATEAU (le) D'AVRILLY. 2e édition.

CHOIX D'ANECDOTES CHRÉTIENNES. 2e édition.

CLISSON (Olivier de), connétable.

COLBERT, par l'auteur du *Connétable de Clisson*.

CROISADES (les).

CURÉ (le) d'Ars : M. Vianey. 3e édition.

CURÉ (le) de Notre-Dame-des-Victoires : M. Desgenettes.

DEUX VOCATIONS; suite des *Veillées du Coteau*.

DÉVOUEMENT (le) FILIAL. 6e édition.

ÉDOUARD , ou le Respect humain vaincu. 5e édition.

ÉLÈVE (l') DE FÉNELON , par l'abbé Legris Duval.

ÉPISODES de la campagne de Crimée. 2e édition.

ÉTRANGÈRE (l') DANS SA FAMILLE.

EUGÈNE, ou les Conférences de Saint-Vincent de Paul.

FERNAND CORTEZ , ou la Conquête du Mexique.

FÊTES (les) CHRÉTIENNES ; récits offerts aux j. personnes.

FILLE (la) DU PROSCRIT, par l'aut. du *Château de B.-le-B.* 2e éd.

FOYER (le); récits par Mme Bourdon (Mathilde Froment).

GALERIE DE LA JEUNESSE.

GRANDE-CHARTREUSE (la), par le vicomte Eug. de R. 2e édit.

HENRI IV jugé par ses actes, par ses paroles et par ses écrits.

HISTOIRE DE JEAN BART, par Maxime de Montrond. 3e édit.

HISTOIRE DU MARÉCHAL DE VILLARS. 2e édition.

LES DUBOURG, suivis du *Sourd-muet*, etc. 3e édition.

MADEMOISELLE DE SOMBREUIL.

MAISON (la) DU DIMANCHE. 4e édition.

MAISON (la) DU LUNDI. 3e édition.

MAITRE MATHURIN; entret. entre un officier et un jardinier. 3e éd.

MANUSCRIT DE RAOUL, par l'aut. de la *Fille du Proscrit*. 2e éd.

MARIE; scènes et principaux traits de sa vie divine. 2e édition.

MÉDECIN (le) CHRÉTIEN; vie de M. Lecreps.

MODÈLE des jeunes personnes: Th. du Bois-Anger, etc. 3e éd.

NOTRE-DAME DE LIESSE, par J. Chantrel.

NOUVEAUX DRAMES SACRÉS. 2e édition.

ORPHELINS (les) DE MONTFLEURI.

PÉDRO, par l'auteur de *Bruno*. 3e édition.

PETERS; épisode d'un voyage en Suisse. 4e édition.

PLANCHE (la) DE SALUT. 2e édition.

PRÉSENT (le) LE PLUS AGRÉABLE AU CIEL. 2e édition.

PRIX (le) DE LA VIE, suivi de plusieurs nouvelles.

RACINE; sa vie intime, et extraits de sa correspondance.

RELIGION (la), poëme, par Louis Racine. 2e édition.

ROSSI (Br), prêtre romain, par M. l'abbé V. Postel.

SAINT BENOIT et les Ordres religieux qu'il a fondés. 2e édition.

SAINT FERDINAND, roi de Castille et de Léon. 3e édition.

SAINT PIERRE, prince des apôtres. 2e édition.

SAINT VAAST, et notice sur S. Omer et S. Bertin. 2e édition.

SAINTE ADÉLAIDE, impératrice d'Allemagne. 5e édition.

SAINTE HÉLÈNE et son siècle, ou le Triomphe de la croix.

SIÉGE (le) DE SÉBASTOPOL. 4e édition.

SILVIO PELLICO; sa vie et sa mort. 3e édition.

SŒURS (les) DE CHARITÉ EN ORIENT. 3e édition.

SOIRÉES (les) DE LA FAMILLE. 3e édition.

SOUVENIRS DE L'ARMÉE D'ORIENT. 3e édition.

UNE DETTE SACRÉE.

UNE HÉROINE CHRÉTIENNE: Anne-Félicité des Nétumières.

UNE JOURNÉE bénie de Dieu. P. B. B. V.

UNE RÉUNION DE FAMILLE, suivie des *Trois Héritiers*. 2e éd.

VEILLÉES (les) DU COTEAU. 2e édition.

VERTU ET PIÉTÉ, ou Jeanne et Isabelle de Portugal, etc., etc.

VERTUS (les) MILITAIRES. 2e édition.

VIE du bienheureux PAUL DE LA CROIX. 3e édition.

4e SÉRIE

ALBÉRIC, ou le Modèle des apprentis. 6e édition.

ARTHUR DAUCOURT, ou Voyage en Norwége. 8e édition.

ARTISTE (l'). 2e édition.

BASILIQUE (la) DE SAINT-DENIS. 4e édition.

BEAUX (les) EXEMPLES. 6e édition.

BOURSE (la) INÉPUISABLE. 3e édition.

CHARLOTTE ET ERNEST. 7e édition.

CHOIX D'HISTOIRES. 5e édition.

DÉJEUNER (le) DES PAUVRES. 3e édition.

DEUX (les) BOUQUETS. 5e édition.

DOUBLE (la) RÉPARATION. 2e édition.

ENFANT (l') DU NAUFRAGE. 3e édition.

ERNESTINE, ou Pour bien commander il faut savoir obéir. 3e éd.

FAMILLE (la) CLAIRVAL. 3e édition.

FÊTE (la) D'UNE MÈRE. 3e édition.

FILS (le) DU TISSERAND, ou la Charité rend heureux. 5e éd.

FILLE (la) DU FERMIER. 5e édition.

HEUREUX (les) FRUITS DE LA VERTU. 10e édition.

HISTOIRE DE JÉROME. 8e édition.

HISTOIRE D'UN MORCEAU DE PAIN, par J. Chantrel. 4e éd.

HISTORIETTES ET RÉCITS AU JEUNE AGE. 5e édition.

MAITRESSE (la) DU LOGIS. 3e édition.

MAISON (la) DU TAILLEUR. 4e édition.

MARIE AU FOYER DE LA FAMILLE. 3e édition.

MAURICE. 2e édition.

MIEL (le) ET LES ABEILLES. 3e édition.

MORALITÉS ET ALLÉGORIES. 6e édition.

NOTRE-DAME DES ROSES. 4e édition.

ORPHELINE (l'). 3e édition.

PETITE (la) FAMILLE. 4e édition.

PETITS (les) JOUEURS. 4e édition.

PIERRE VALLÉE. 4e édition.

POUDRE (la) A CANON. 3e édition.

SERPENTS (les) ET LES FOURMIS. 3e édition.

THÉODULE. 4e édition. retouchée.

UN BONHEUR MÉRITÉ. 2e édition.

VALENTIN. 7e édition.
VASE (le) DE FLEURS. 4e édition.
VÉTÉRAN (le), par Paul Jouhanneand. 3e édition.
VOYAGE D'UN MORCEAU DE PAIN, par J. Chantrel. 3e éd.

5· SÉRIE

AMIS (les) du ciel. 3e édition.
ANGE (l') du sommeil.
CABANE (la) du pêcheur.
CLEF (la) DES CŒURS, par l'auteur de *Blanche de Castille.* 2e éd.
COMÈTE (la).
DEUX NOMS, par le même. 3e édition.
DEUX (les) PATRES, par Paul Jouhanneaud. 3e édition.
ÉTIENNE.
FILS (le) DES LARMES ; événement historique trad. de l'italien.
FLEURS ET FRUITS ; choix de poésies. 3e édition.
GUILLAUME SANS CŒUR, par l'auteur des *Deux Pâtres.*
IMAGINATION (l'), ou Charlotte Drelincourt.
LA PIÉTÉ rend heureux. 2ᵉ édition.
LE PÈRE NARTOULET, par l'auteur des *Deux Pâtres.*
MAIN (la) DE DIEU, par l'auteur de *Réné.*
MAIRE (le) de village ; conseils aux habitants de sa commune.
MARTYR (le) de l'Inde ; vie du Bᵣ Jean de Britto.
MODÈLE DE CHARITÉ ; vie de Mᵐᵉ de Méjanès.
MOIS (un) de pieuses lectures.
MONSEIGNEUR DE QUÉLEN, archevêque de Paris.
M. OLIER, curé de Saint-Sulpice.
NUIT (la) PORTE CONSEIL ; drame.
OISEAUX (les) du ciel.
PAUVRE (le) SAVETIER, par le comte de Lambel.
PAYSANS (les) norwégiens.
PÈLERINAGE à la Salette, par Maxime de Montrond.
PIERRE ROBERT, par l'auteur du *Maire de village.*
SAINTE (la) Bergère ; vie de Germaine Cousin. 5e édition.
SECRET (le). 2e édition.
SE DÉVOUER c'est aimer.
SOLDAT (le) chrétien, ou le Martyre de saint Maurice.
TABLE (la) DE SAPIN.
TÉLÉGRAPHE (le) ÉLECTRIQUE. 2e édition.
TROIS PROVERBES.
TROP PARLER NUIT.